D1484508

CAR J'AIME
ET J'ESPÈRE

Hubert de Ravinel

CAR J'AIME
ET J'ESPÈRE

FIDES

En couverture: Aquarelle de Hubert de Ravinel, 1994.
Photo de l'auteur: Robert Laliberté.

Données de catalogage avant publication (Canada)

Hubert de Ravinel, 1934–
Car j'aime et j'espère
(Itinéraires)

ISBN 2-7621-1747-X

1. Ravinel, Hubert de, 1934-.
2. Petits frères des pauvres.
3. Pauvres, Services aux — Québec (Province) — Montréal.
4. Personnes âgées, Services aux — Québec (Province) — Montréal.
I. Titre
II. Collection Itinéraires (Fides)

HV1475.Q42R38 1994   362.6'3'092   C94-941289-9

Dépôt légal: 4ᵉ trimestre 1994
Bibliothèque nationale du Québec
© Éditions Fides, 1994

Les Éditions Fides bénéficient de l'appui du Conseil des Arts du Canada
et du ministère de la Culture du Québec.

À Guy L. Coté
et à tous ceux et celles
qui m'ont accompagné
le long de cette route.

LIMINAIRE

*I*l existe des moments dans la vie où l'affection de certains êtres humains nous bouleverse à ce point que nous en demeurons marqués à jamais. Nous devenons alors invincibles car l'attachement indéfectible de quelques personnes — il suffit parfois d'une seule — nous permet à notre tour de mieux nous accepter et d'aller de l'avant, quelles que soient les circonstances.

J'ai vécu au cours de ces trente dernières années plusieurs de ces moments de grâce et j'ai rencontré sur mon chemin des êtres exceptionnels. J'ai pensé aimer des personnes qu'on dit âgées mais ce sont sans doute elles qui m'ont aimé le plus.

Je pense en particulier à Madame Fortier qui demeurait à l'époque, c'était en 1964, au 599 de la rue Fullum à Montréal. Un immeuble que l'on pourrait qualifier de sordide, aujourd'hui démoli. Conçu un peu comme une prison: un large couloir central bordé de chambres aux premier et second étages. Pas de cuisine dans les chambres, mais quelques poêles sur le palier. Pas d'eau chaude, peu de lumière, un va-et-vient constant, du bruit, des odeurs, des courants d'air.

J'avais l'habitude de rendre visite à Madame Fortier toutes les semaines, le jeudi, vers quatre heures. Nous parlions de tout et de rien, de son chat qu'elle adorait, de ses enfants qui venaient la voir pour la fête des mères et à Noël, de son mari qui lui manquait beaucoup: «Ça, monsieur, c'était un travaillant. Il faut lui donner ça. Quand il ne buvait pas, il était le meilleur des maris mais il était quasiment toujours en boisson... J'ai bien pâti mais c'est pire aujourd'hui qu'il n'est plus là...»

Un jour, prévoyant partir en France pour un an, je lui avais promis d'aller lui dire au revoir. Nous avions convenu d'une date: le lundi, vers cinq heures. La multitude des tâches de dernière minute firent que je ne pus aller la voir que le mercredi suivant. Comme elle n'avait pas le téléphone, je n'avais pu l'avertir de ce contretemps. Je ne m'étais d'ailleurs que peu soucié de ce changement car je savais qu'elle ne s'absentait pratiquement jamais.

Je me présente donc le mercredi après-midi. Madame Fortier me reçoit, toute souriante, vêtue sans doute de sa plus belle robe. La table était parée comme pour une fête: des chandelles, des fleurs, un cadeau. Très ému, je l'embrasse et je lui demande comment elle a pu savoir que je viendrais précisément ce mercredi à cinq heures. «Mais je ne le savais pas! Je t'attendais lundi et comme tu n'es pas venu, j'ai serré le gâteau, les fleurs, j'ai éteint les chandelles et je me suis changée. Mardi, j'ai fait la même chose. J'ai tout serré à nouveau et je me suis changée encore. Aujourd'hui j'ai recommencé. Je savais que tu étais pour venir, tu me l'avais promis. Tu leur diras en France qu'ils ne te gardent pas trop longtemps. On veut que tu reviennes...»

Madame Fortier mourut peu avant mon retour à Montréal. Cette fois-ci, elle n'avait pu m'attendre. Mais en grande partie grâce à elle, je me suis senti adopté par les aînés et reconnu comme un enfant du Québec. Ils m'ont profondément attaché à ce pays où je me suis peu à peu enraciné. Un pays aux hivers impossibles, aux humeurs imprévisibles. Un peuple chaleureux, rieur, accueillant mais parfois réservé, vulnérable, ombrageux. Un peuple qui ne se prend pas trop au sérieux et sait volontiers se critiquer, à condition que ce soit lui qui le fasse.

Pendant de nombreuses années, j'ai pu grandir, souffrir, découvrir. Responsable des petits frères des Pauvres, j'ai senti la générosité des gens quand je faisais appel à leur solidarité envers les personnes âgées seules et démunies. J'ai accueilli des visiteurs qui avaient traversé tout Montréal en autobus et en métro pour venir offrir leur contribution, minime à leur yeux, mais mille fois plus chargée de sens que le chèque le plus substantiel. J'ai vu une femme de ménage venir me porter le montant des heures supplémentaires qu'elle avait faites au moment de Noël. «D'autres en ont plus besoin que moi», me disait-elle.

J'ai été le témoin de transformations rapides et de réformes hâtives. Du chapelet sur les ondes de la radio à l'autoroute électronique, j'ai pu mesurer la distance parcourue. J'ai été agacé par le leitmotiv martelé à satiété, lors d'une certaine Saint-Jean-Baptiste, et voulant nous convaincre que nous étions des géants, alors que nous nous tenions seulement debout, ce qui n'était déjà pas mal...

J'ai entendu le cœur des poètes battre à l'unisson de

leur pays, j'ai ressenti la fierté retrouvée, mais aussi la douleur et la compassion en me joignant à la longue file de ceux qui ont voulu rendre une dernière visite à René Lévesque.

J'ai perçu l'engouement hâtif des réformateurs qui semblaient s'en donner à cœur joie pour abolir et reconstruire. Voir grand et fonctionnel, moderne et froid en même temps. Paradoxe d'un peuple qui s'ouvre largement au monde en cet été 1967, mais qui, au même moment, laisse enfermer ses élèves dans des grandes cages de béton sans ouvertures sur l'extérieur.

Comme nos pères ont pu bâtir maison, j'ai pu fonder famille et partager mon nom. J'ai vécu les hauts (très hauts) et les bas (pas très bas) de la paternité. Partagé aussi les peines et les joies de ceux et celles qui entendent préparer pour leurs successeurs un monde et un pays plus vrais et plus hospitaliers.

Aujourd'hui, à l'aube de la soixantaine, j'ai envie de raconter. Je n'ai nulle intention de glisser pudiquement sur les moments plus difficiles de mon existence, sur les erreurs, les maladresses et les échecs: tout cela est partie intégrante de l'existence, tout cela fait mal mais oblige à avancer et à progresser. Je crois que le lecteur a droit à la transparence et non à la peinture d'un modèle idéal, ce qui ne serait d'ailleurs ni vrai ni honnête. Je ne conterai rien de très exceptionnel mais des épisodes de vie, des moments précieux, des petits morceaux d'intimité: ceux qu'on confie volontiers à un inconnu rencontré au hasard d'un voyage. Parce que cet inconnu nous inspire confiance, parce qu'il n'est pas toujours nécessaire de bien le connaître pour lui proposer de nous écouter.

Je vous invite à être du voyage.

1

L'ENFANCE

L'année 1934 s'ouvrait en Europe sur un fond de vio-
lences généralisées. Le nazisme étreignait l'Allemagne
dans ses serres meurtrières et Hitler faisait progressivement
régner cet «ordre moral», prélude aux grandes horreurs des
années suivantes. C'est précisément dans ce contexte de violence larvée que je fus baptisé à Paris qui venait de vivre une
des pires émeutes de son histoire. Le 6 février, de sanglantes
manifestations avaient éclaté place de la Concorde, ce nom
convenant, il est vrai, assez mal en la circonstance.

J'étais né quelques jours plus tôt, à Fontainebleau, d'une
famille établie en Lorraine depuis près de huit siècles. Une
vieille famille d'épée et de robe, soucieuse de la foi, de l'honneur et des traditions; «après Dieu l'honneur», telle était sa
devise. Un père militaire de carrière, ingénieur de forma-
tion, chaleureux et bon vivant. Une mère, issue elle-même
d'une famille de militaires, pleine d'esprit et de fantaisie,
tempérée cependant par un solide sens du devoir qui devait
peu à peu se traduire par une certaine sévérité à mon endroit.

Malgré tout, je garde encore des souvenirs très nets d'une petite enfance comblée, coulant des étés heureux dans l'une ou l'autre des deux grandes demeures familiales, au milieu des forêts, des champs, des étangs et des rivières, élevé dans un monde préservé de ces sujets bien terre à terre que sont les soucis financiers, le chômage, les questions sociales et politiques et les crises économiques.

On vivait pourtant en plein régime socialiste du Front populaire. Charles Trenet chantait «Y a d'la joie», les tandems sillonnaient les routes et les auberges de jeunesse accueillaient les premiers campeurs, «les congés payés» comme les appelaient, non sans dédain, ceux qui s'offusquaient de ne plus être les seuls à pouvoir partir en vacances. L'Espagne était à feu et à sang, les bruits de bottes résonnaient de l'autre côté du Rhin, mais nous, les enfants, ne connaissions que les costumes de marin, la messe de dix heures, les promenades en forêt, les baignades dans l'étang, la pêche à la grenouille, les aventures de Bécassine ou *L'histoire d'Alsace racontée aux enfants* de l'oncle Hansi. Plus âgés, nous pénétrions avec une certaine timidité dans la grande bibliothèque un peu sombre qui sentait la cire d'abeille et la poussière, pour feuilleter des encyclopédies (surtout pour leurs planches anatomiques) et les vieux numéros de *L'Illustration*, particulièrement ceux consacrés à la Première Guerre mondiale. Les vaillants soldats français, les poilus héroïques faisaient notre fierté, particulièrement quand ils tombaient au champ d'honneur, la tête renversée, une main sur la poitrine. Il n'y avait évidemment pas de héros allemands, mais des espions ou des taupes meurtrières qui creusaient des galeries de mine sous les tranchées de nos héros.

Pour mon grand-père maternel à qui j'ai toujours

voué une grande affection, l'armée était une religion à laquelle on offrait sa vie dans l'honneur et le sacrifice. Quant à ma grand-mère, j'appris réellement à la connaître et à l'apprécier lorsque, jeune étudiant à Paris, elle m'accueillait régulièrement dans son appartement qui reflétait tout le raffinement émanant de sa personne.

Mon grand-père paternel était très différent. Maire de son petit village — fonction assumée de père en fils depuis plusieurs générations —, il aimait la vie, la nature, la forêt, la chasse, mais c'était aussi un homme très simple, aimant rendre service à son prochain, quel qu'il soit. Ma grand-mère paternelle était une femme raffinée, chaleureuse, délicate et souriante, un être vif et spontané, habité par un enthousiasme un peu naïf, dont les guerres et les épreuves ne viendront jamais à bout.

On peut aisément comprendre que la déclaration de guerre en septembre 1939 sonna la fin de notre grande récréation. Notre petit monde prit brutalement contact avec la réalité: mon père nous quittait pour le front, mes oncles faisaient de même; la radio diffusait des communiqués rassurants, nos lignes de défenses étaient soi-disant infranchissables et nous allions vaincre parce que nous étions les plus forts!

Mais très vite, j'apprenais à ne plus croire la radio, surtout quand j'assistais à l'arrivée des premiers détachements allemands dans le parc du château. Je me souviens avoir été très impressionné la veille au soir par l'immersion dans l'étang, des fusils de chasse et des revolvers préalablement graissés, que mon grand père ne voulait pas voir tomber aux mains de l'occupant. Mû par un semblable sentiment de prudence, je m'empressai d'y jeter également mes premiers livres de lecture et de calcul, craignant probablement que les Allemands ne s'en emparent. J'ai gardé de cette saine mesure de précaution un souvenir beaucoup plus cuisant car, dans nos bonnes familles, les punitions ne tardaient pas à sanctionner les quelques incartades auxquelles nous pouvions nous livrer. J'étais moi-même fort malhabile dans l'art de me dissimuler et comme je faisais toujours l'impossible pour me concilier la bienveillance des miens, ces derniers en retour, me sachant bien incapable de refuser quoi que ce soit, en profitaient pour me charger de mille petites commissions et me demander des services de toutes sortes. J'en arrivais peu à peu à me cacher et à ne pas répondre aux appels répétés afin de pouvoir lire en paix, dissimulé dans des fourrés. Car je savais bien qu'on me demanderait, plutôt qu'aux autres, d'aller porter des lettres à la poste ou encore de surveiller les plus jeunes.

La guerre

Les nouvelles nous arrivaient régulièrement d'un front apparemment stable, sans affrontements majeurs. Puis, tout alla très vite. Au mois de mai 1940, ce fut la guerre-éclair qui, en quelques mois, anéantit les armées françaises. Un soir de mai, ma mère nous annonça que notre père venait d'être fait prisonnier et déporté très loin dans l'est de l'Allemagne, près de la frontière tchèque. J'avais alors un frère de deux ans mon aîné et deux plus jeunes âgés respectivement de deux ans et six mois. En outre, mon grand-père maternel avait décidé d'accueillir dans son château ma mère ainsi que deux de ses belles-filles dont les maris étaient eux aussi prisonniers. À sept ans, je me rendais compte que notre famille ne serait plus comme les autres. Mon grand-père prit peu à peu une très grande importance car c'était, je crois, la seule personne qui voulait bien répondre à mes innombrables questions: pourquoi papa n'est-il plus là? Qu'est-ce qu'on va faire sans lui? Qui va aider maman à s'occuper de nous? Quand est-ce qu'il va revenir? Je me souviens qu'il était d'une infinie patience envers ce petit garçon inquiet, bavard et maladroit qui ne cessait de l'interroger. Nous marchions ensemble longuement, il me nommait les plantes et les grands arbres du parc, m'expliquait l'origine des fougères ou la métamorphose des têtards. À son contact, toutes mes maladresses, mes inquiétudes et mes tristesses fondaient comme neige au soleil. Je n'avais rien à craindre, il était là, disponible et souriant, curieux de tout, souvent catégorique mais toujours affectueux.

Je n'ai pas souvenir de lui avoir jamais confié quoi que ce soit de très intime, mais je savais qu'il aurait été prêt à m'écouter. C'est cela qui m'importait. De temps en temps, il m'emmenait, dans sa voiture à cheval, pour une visite à la ferme. J'adorais cela car on m'offrait alors de la limonade tiède ou de la brioche rassie. Quand il pleuvait, il m'aidait à trouver dans la bibliothèque des livres pas trop sérieux comme *L'Odyssée racontée aux enfants* ou *Les malheurs de Sophie*. Si j'ai une grâce à lui rendre, c'est de m'avoir ouvert l'esprit.

Ce qui me frappait chez cet homme, âgé alors de soixante-dix ans, c'était son enthousisame et sa simplicité. La nouveauté le passionnait et je n'en revenais pas de pouvoir lui parler de tout, comme s'il avait eu mon âge. J'étais d'ailleurs beaucoup plus heureux avec les adultes, même si je me rendais compte que je les fatiguais assez vite, ma grand-mère et ma mère en particulier, qui supportaient mal mes questions, mes maladresses, mes distractions et mes oublis. Je les excusais en me disant qu'elles devaient avoir d'autres soucis en tête. Nous étions toutefois privilégiés et mon grand-père, qui nous recevait l'été près de Lyon, l'automne et l'hiver sur la Côte d'Azur, à Antibes, nous le faisait souvent remarquer. Il refusait de recourir au marché noir ou à d'autres expédients qui nous auraient assuré quelque avantage matériel. C'est ainsi que le pain, le beurre, la viande furent toujours strictement rationnés durant les cinq années de guerre. Nous avions tous notre portion quotidienne de pain bien identifiée. Malheur à celui ou celle qui la consommait dès la matin. Il devait alors compter sur les autres, fort mal à l'aise de refuser un partage qui les lésait. Un de mes vieux oncles se faisait une spécialité, sans en avoir l'air, de nous quémander une tranche de pain. Comme il se montrait constamment indulgent et chaleureux à mon endroit, je ne pouvais m'empêcher de l'aider à satisfaire sa gourmandise.

Puis, un jour, immanquablement, la question de l'école dut se poser pour moi. J'avais appris à lire et à écrire à la maison, je m'y trouvais très bien et redoutais de me retrouver seul, au milieu de trente élèves en tablier et béret noirs. Très certainement, ils se moqueraient de ce petit garçon, de ses lunettes rondes qui lui glissaient continuellement sur le nez, de ses bas en accordéon, de son air distrait et de son allure un peu gauche. Il fallut pourtant y aller, jusqu'à ce qu'on décide que je serais mieux pensionnaire. J'avais alors dix ans. «Ce sera bon pour lui, il sera pris en main, il réussira mieux...» Pourtant, je ne travaillais pas très bien, je craignais que les grands me fassent mal, je perdais régulièrement mes tickets de nourriture que je devais donner à ma mère en fin de semaine et je fus très heureux quand les bombardements mirent prématurément fin aux cours. Je n'avais d'ailleurs pas la tête aux études car autour de moi on ne parlait que de résistance, de collaboration avec les Allemands, de restrictions alimentaires. On se réjouissait du débarquement allié, on écoutait discrètement la radio libre, on me racontait l'odyssée de mes deux oncles évadés de leur camp de prisonniers, on pleurait un autre oncle, tué au front, on priait pour mon père qui nous faisait parvenir dans ses lettres les bribes d'une monotone existence tissée d'ennui, de faim, de froid et d'espoir. On se confiait au plus jeune frère de ma mère, ordonné prêtre en 1943 et revenu d'Allemagne où il avait séjourné comme aumônier de travailleurs prisonniers.

Puis ce fut la paix, le retour de mon père, cet homme bon mais intimidant, encore inconnu, qui se faisait doux et patient, sans doute pour effacer en nous les séquelles de six ans d'absence. Passant discrètement sur les aspects les plus noirs de son existence au camp, il n'en retenait pour nous que les anecdotes porteuses d'espoir et d'amitié. Nous étions cinq enfants maintenant; l'arrivée d'une petite fille scellait ce retour à la vie «normale» et mettait un terme à un long épisode où, seule, «la petite espérance» de Péguy avait projeté quelque clarté.

★
★   ★

Comme dans toute bonne famille, il fallait réussir ses études. Ce n'était pas encore mon cas. «Enfant doué mais paresseux, rêveur et distrait. Pourrait faire mieux s'il le voulait», disaient mes bulletins scolaires. «Enfant attachant, affectueux et docile, mais inquiet, nerveux, peu épanoui, incapable de se concentrer», disaient mes parents.

J'avais pourtant tout pour être épanoui: mon père et ma mère enfin réunis, une maison chaleureuse, un collège où la tradition familiale avait laissé des traces. Pourtant, je ne l'aimais pas ce collège vieux et austère. Même étant externe, je m'y sentais mal à l'aise et n'aimais pas y jouer. Je détestais les cours de récréation qui résonnaient de cris stridents et de coups de sifflets. Ces cours, je les aimais vides et silencieuses; elles cessaient alors d'être hostiles, je pouvais y errer en paix sans crainte de brimades ou de bousculades.

Je me souviens de professeurs chaleureux mais aussi d'autres plutôt brutaux qui ne lésinaient pas sur les coups de règles sur le bout des doigts. L'un d'entre eux en particulier ne frappait pas, n'élevait même pas la voix mais, quand il me convoquait dans sa chambre qui sentait le vieux tabac et le renfermé, ne se privait pas de me dire que si mes résultats ne s'amélioraient pas, je ne ferais jamais rien de bon dans l'existence: «Vous serez un raté, Ravinel, entendez-vous? un raté!»

Je n'avais pas besoin de ces mises en garde pour m'en convaincre. Mes résultats scolaires étant plus que médiocres, on essayait de me stimuler en me vantant untel et untel, fils d'amis de la famille et premiers de classe qui réussissaient, eux, parce qu'ils travaillaient, parce qu'ils ne perdaient pas leur temps à rêvasser, à dessiner, parce qu'ils avaient de la volonté et le sens de la discipline. Plus on me les citait en exemple, moins j'avais envie de leur ressembler.

Nous avions congé les dimanches et jeudis, jours bénis car je pouvais rester couché jusqu'à huit heures et demie, neuf heures moins le quart. Pas plus tard; cela n'aurait pas été convenable, il y aurait eu risque de paresse. Mais aussi jour détesté à cause des sorties scoutes. En 1946, la guerre était encore présente sous forme de jeux «virils» où il n'était question que de raids, de prisonniers, d'espions et de «salopards» à débusquer. Sans trop savoir pourquoi, sans doute parce que je n'avais ni l'étoffe, encore moins l'allure du héros, j'étais souvent le salopard. Celui qui marche moins vite que les autres, qui pose des questions naïves, qui s'égare dans la forêt, comprend mal les jeux de piste et agace les chefs.

J'aimais pourtant marcher avec eux dans le pays des grandes futaies, des étangs tranquilles, refuges des poules d'eau et des canards sauvages, des layons rectilignes et ensoleillés qui traçaient dans la forêt de longues saignées colorées. Mais je les détestais parce que j'y étais malheureux, parfois ligoté pendant des heures à un tronc d'arbre. J'étais immanquablement le méchant qu'il fallait punir, qu'on abandonnait pour lui donner une leçon. En fait de leçon, je revenais de ces sorties les mains marquées par les engelures, les genoux écorchés, la rage mais surtout la peur au cœur. La peur qui s'amplifiait de jour en jour au fur et à mesure que se rapprochait le jeudi redouté, la peur qui s'effaçait brusquement quand une grippe miraculeuse ou une pluie providentielle me sauvaient la vie. J'oubliais alors les brimades dans la forêt, les jeudis n'existaient plus; seuls subsistaient le calme et la chaleur de la maison, les joyeux feux de cheminée, l'allégresse des concertos brandebourgeois, la douceur des soirées calmes et des lectures apaisantes.

Même si je savais qu'on ne peut demeurer grippé toute une vie, je rêvais pourtant de maladie et même d'infirmité qui m'auraient épargné ces sorties sur lesquelles j'ai toujours gardé un silence de tombe. Nul n'avait besoin de savoir qu'un certain jeudi, j'avais eu peur à en mourir, que j'avais même pensé étouffer, ligoté à un arbre dans ma cape de laine noire.

J'avais de moins en moins de goût au travail, je n'aspirais qu'à de longues vacances d'été, d'ecapades solitaires dans la forêt où je pourrais lire, à l'ombre des grands hêtres, près de l'étang.

À la fin de l'été 1947, alors que la perspective des jeudis meurtiers continuait à me tenailler le ventre, j'appris avec un certain soulagement que je serais à nouveau pensionnaire et qu'il n'y aurait plus de sorties scoutes ni d'embuscades dans les bois.

Par un bel après-midi de septembre, je me retrouvai très loin des miens dans un nouveau collège tout aussi austère et froid. En ces petits matins d'automne, où l'eau gelait dans les robinets, j'avais l'impression que tous les étés du monde ne pourraient jamais traverser les murailles moyenâgeuses de ces grands dortoirs inhospitaliers.

Nous étions peu nombreux, une centaine d'élèves dans toutes les classes du secondaire. La discipline était légère et surtout, nous abandonnions cahiers, livres et crayons quand le mauvais temps exigeait que nous aidions le fermier à rentrer sa récolte où à ramasser ses légumes. Il faut dire qu'en cette période d'après-guerre, l'existence d'une ferme, propriété du collège, apparaissait indispensable pour quiconque refusait un ordinaire composé à cette époque de pommes de terres gelées ou de betteraves filandreuses. J'ai gardé également un souvenir tout à fait précis d'une poudre violacée qu'on délayait dans de l'eau et qu'on appelait «vin».

Ces quatre années de secondaire s'écoulèrent somme toute assez vite. Cependant, je trouvais fort distants, voire indifférents, les camarades dont je souhaitais être l'ami parce qu'ils étaient premiers de classe ou férus de sports. Je tremblais, lors du résultat des examens ou des compositions, quand mon nom tardait à arriver sur la liste. Je m'ennuyais parfois à la chapelle, les offices étant très longs, je bénissais le ciel quand il pleuvait car faute de gymnase couvert, les cours de gymnastique étaient annulés. Ma maladresse en sports faisait la joie de mes camarades et pouvait déclencher les railleries du professeur. J'en venais à me lier avec ceux que je considérais comme «le dessous du panier»; même s'ils m'apparaissaient trop gros ou trop petits, trop collants ou pas assez intéressants, ils me parlaient volontiers et j'étais bien en leur compagnie, me sentant tout à fait accepté. Peu à peu, je découvrais en eux la gentillesse et le sourire des êtres simples qui n'ont pas de résultats scolaires époustouflants et ne reçoivent guère de visite le dimanche. On se moquait parfois de leurs parents cultivateurs ou immigrants mais ils partageaient volontiers leurs billes, leur beurre et aussi, à l'occasion, leurs magazines clandestins et bien illustrés qui eurent tôt fait de m'initier à peu de frais aux mystères de la vie...

Puis, j'arrivai à la fin de mes études secondaires plus ou moins prêt à affronter le redoutable baccalauréat qui, disait-on alors, «ne mène à rien mais est indispensable». Le baccalauréat, c'était les très longues heures de travail, les découragements momentanés, la menace de ne pas partir en voyage l'été, l'humiliation d'être surclassé par des élèves plus doués; c'était aussi le fastidieux par cœur, les simulations d'examens portant sur les sujets classiques des épreuves terminales, l'excitation d'avoir à loger en ville et à se présenter devant des examinateurs inconnus et laïques par surcroît qui nous faisaient tirer au sort la fonction glycogénique du foie, le sens du devoir chez Corneille ou la géographie physique de l'Afrique équatoriale française.

L'annonce du succès au baccalauréat me fit un immense plaisir car elle me valut la considération de mes proches et me conféra ce brevet d'intelligence que j'étais bien incapable de m'accorder moi-même. Le bac, c'était également le prélude à de longues vacances, à d'agréables séjours à la campagne et à de petits voyages en famille. Mais ces vacances incluaient encore ces fameux camps scouts qui, disait-on, endurcissaient le caractère et favorisaient la débrouillardise...

Par contre, j'adorais séjourner à l'étranger. Loin de chez moi, je me laissais aller davantage et je me conduisais comme bon me semblait. À ce sujet, mon père fut un Européen avant la lettre puisque, dès 1950, il m'envoya passer plusieurs semaines dans une famille allemande, convaincu qu'il était essentiel de rétablir des ponts entre les deux nations. Sa longue captivité au cours de laquelle il avait toujours su, autant par le cœur que par l'intelligence, distinguer l'être humain de l'ennemi, l'avait rendu conscient de l'urgence de rétablir l'amitié et la collaboration entre les pays. Il avait eu en outre tout loisir de mesurer la vanité des rapports humains fondés sur l'apparence, le nom ou la fortune. Des milliers d'hommes entassés pendant des années dans des baraques en bois, plantées dans les steppes de la Prusse orientale, finissent un jour par discerner le vrai du toc, le profond du superficiel. L'héritage que m'ont légué mon père, mon grand-père, ma mère, autant d'êtres convaincus de la fragilité de leurs richesses et de la vanité de leur condition de privilégiés, c'est de n'avoir jamais considéré comme allant de soi mon état d'enfant culturellement et humainement choyé. Combien de fois les ai-je entendu dire qu'il me fallait rendre aux autres tout ce que j'avais reçu «sans aucun mérite de ma part»!

Non contents de nous inculquer ces idées, ils prêchaient par l'exemple, ma mère s'étant occupé longtemps des plus démunis, des aveugles en particulier, avec toute la délicatesse et le tact dont elle avait elle-même hérité de ses proches. Quant à mon père, les heures innombrables qu'il passait à rendre service aux uns et aux autres m'ont sans doute convaincu qu'à aider autrui, je ne faisais que rétablir une certaine justice.

C'est dans cet esprit que je découvris un beau jour le monde de l'université de province, le droit qui, comme le bac, «mène à tout et à nulle part», les professeurs en toge qu'on applaudissait à la fin de leur prestation, non parce qu'on les jugeait bons, mais parce que leur cours était terminé.

L'université, c'était le carrefour des étudiants issus de tous les milieux, les politisés et les traditionnels fils à papa, les croyants et les agnostiques, les prudes et les coureurs de jupons. C'était aussi les filles que nous connaissions mal, qui nous faisaient un peu peur et nous intimidaient tout en nous attirant. Je me sentais prêt à les rencontrer, mais en terrain favorable seulement, c'est à dire au cours des réunions des étudiants catholiques de la faculté. Là je n'avais à affronter que des «bien-pensantes», férues de guidisme, bénies par leurs aumôniers, dévouées à leurs proches comme aux familles pauvres qu'elles allaient visiter régulièrement. Peu portées elles-mêmes à quelque audace sentimentale qui m'aurait effrayé mais peut-être séduit, elles me permettaient d'avancer sans crainte sur un terrain encore miné.

2

L'APPRENTISSAGE

*P*our moi, le terrain d'action le plus sûr était certainement celui du service bénévole. Je donnais du temps et de l'énergie, attiré d'abord par un contexte de chaleur humaine et de sécurité personnelle lié à la fréquentation des étudiants et des professeurs engagés dans l'action sociale et politique. Faire du bénévolat c'était pour moi aider les autres mais peut-être encore plus découvrir un monde qui ne me faisait aucun reproche et m'acceptait tel que j'étais.

À l'université, en octobre 1954, nous avions constitué un groupe France-Maghreb et, pour ne pas nous en tenir aux palabres pieux, nous avions mis sur pied un centre d'accueil de nuit pour immigrants maghrébins sans domicile fixe. C'est en ce même hiver 1954 que devait éclore l'histoire d'amour d'un certain abbé Pierre. Je ressentais profondément, à ce moment-là, surtout la nuit quand je prenais mon tour de garde, l'isolement, la lassitude et même l'angoisse de ces travailleurs immigrants, sans moyens, sans support, venus seuls gagner quelque argent pour faire vivre les leurs demeurés en Algérie où la guerre venait d'éclater. Je me sentais beaucoup plus proche de ces hommes que des gendarmes et des militaires dépêchés là-bas pour maintenir l'ordre et «ramener la paix». Pour la première fois également, en assistant, comme étudiant en droit, à des procès à la cour, je prenais conscience que la justice était différente pour les pauvres, plus radicale, plus inflexible à leur endroit. Je commençais à me sentir moins à l'aise dans un monde où les privilèges se situaient d'un côté, la solitude et la malchance de l'autre. Une nouvelle conscience prenait corps en moi: la dimension politique des questions sociales. Toutefois, je n'osais m'en ouvrir trop explicitement à ma famille, la notion de politique sociale étant souvent assimilée au communisme exécré. Comme il m'aurait fallu justifier sans fin des attitudes et des actions que je ne désirais pas relater, sentant mon milieu familial étranger à ces dimensions, je préférais demeurer discret et insister plutôt sur des activités plus orthodoxes, tout à fait admises par la famille. Je pense en particulier à l'accompagnement de malades à l'occasion de journées-rencontres, de pèlerinages, de sessions de pastorale. Pour la première fois de ma vie, je fus alors confronté à la souffrance presque à l'état pur, mais à une souffrance transfigurée par une foi et surtout par une espérance qui nous atteignaient tous. En voyant sourire et chanter des enfants, des jeunes et des vieux, tous cloués à leurs brancards, en leur donnant à manger, en partageant leurs confidences, je minimisais mes petits problèmes et me sentais surtout bien loin des «groupes catholiques d'échanges sur la foi». Je percevais chez les malades une fraternité vivante et regrettais qu'elle le soit beaucoup moins chez les bien-portants.

L'étudiant que j'étais gardait son allure provinciale et traditionnelle mais comme il avait trop vu de bien-pensants catholiques et bien élevés demeurer des mal-agissants frileusement conservateurs et centrés sur leurs principes, il était ouvert à de nouvelles découvertes, à des activités plus compromettantes. Deux années d'études à Paris devaient m'en donner l'occasion. Deux années consacrées à l'étude des sciences politiques dans la très honorable institution de la rue Saint-Guillaume appelée plus communément Sciences-Po. Un microcosme de toutes les tendances, les convictions, les chapelles, les regroupements possibles et imaginables. On y étudiait certes, mais on y discutait, on fréquentait assidûment les annexes, c'est à dire le café *Chez Basile* pour les gens de droite et le *Reinitas* qui accueillait plutôt la gauche. Dans le hall d'entrée, on croisait des royalistes bon teint, des anarchistes en complet-cravate, des militants marxistes fleurant à plein nez les principes catholiques fraîchement reniés. Tel un papillon de nuit attiré par une lumière trop vive, je me cognais à des idéologies qui m'apparaissent aujourd'hui un peu naïves et je faisais miens ces emportements juvéniles. Entre deux cours magistraux, nous faisions et refaisions la guerre d'Algérie, nous protestions contre les expulsions d'étudiants étrangers, nous nous en prenions au jeune ministre François Mitterrand qui proclamait le plus sérieusement du monde que l'Algérie c'était la France!

Pendant ce temps là, Françoise Sagan, plus jeune que nous, faisait paraître *Bonjour tristesse* et un jeune Canadien français s'accompagnait à la guitare en nous disant que les crapauds chantent la liberté.

Entre les examens, le cinéma d'essai, les ovations à

Gérard Philippe ou aux jeunes cinéastes de la nouvelle vague, nous mettions la dernière main à des manifestes hâtivement rédigés aux tables des cafés. Un certain nombre d'entre nous voulions réfléchir sur notre responsabilité de chrétiens dans un monde déjà en pleine transformation. Les «squatters» des bidonvilles aux portes de Paris, les itinérants sans voix et sans espoir comme les appelait l'abbé Pierre, les oubliés de l'opulence, les vieillards qui mouraient discrètement sans trop déranger, tous nous interrogeaient, nous dérangeaient et, soyons honnêtes, nous donnaient mauvaise conscience. Séduits par les intellectuels de la Rive gauche, nous n'étions pourtant pas convaincus par les réponses qu'ils pouvaient apporter à la solitude et aux larmes. Leurs interprétations portaient sur une «transformation du système» mais nous avions conscience que les plus démunis pourraient attendre longtemps ladite transformation et nous tentions plus ou moins habilement de relever le défi d'une foi en recherche qui soit étayée par une action concrète.

À l'université, les possibilités d'implication étaient innombrables et je me suis très vite senti à l'aise, chargé, au sein du comité des étudiants, de l'accueil aux étrangers: leur intégration dans l'École, leurs problèmes de logement, d'immigration, d'équivalence de diplômes, etc. Je me rendais compte que déjà on avait tendance à se méfier de ces personnes «formées dans nos institutions, à même nos impôts et qui s'installent chez nous au lieu de retourner dans leurs pays pour se mettre au service des leurs...» De faux leaders démagogues et sans grands scrupules tentaient de nous convaincre que la France appartenait aux seuls Français d'origine. Ainsi je rencontrai à plusieurs reprises l'étudiant Jean-Marie Le Pen qui désertait volontiers les salles de cours de l'université où il semblait inscrit à vie pour déjà pointer du doigt ceux qu'il considérait comme responsables de tous les maux du pays. Pas plus qu'aujourd'hui il n'était bon, à ses yeux, d'avoir le teint basané ou le cheveu crépu. Malheureusement, plus son jugement était court, plus ses arguments portaient et nous étions désolés de voir certains des nôtres, au milieu des années 1950, adopter des principes qu'ils prenaient pour des idées.

Les étudiants étrangers venaient du monde entier, attirés par la France de Voltaire, de Victor Hugo ou encore celle de Rothschild. J'étais particulièrement sensible à ceux et celles originaires de l'Indochine ou d'Algérie. J'imaginais les fourmilières de paysans à chapeaux coniques, courbés dans les rizières, vouant un culte à leurs ancêtres mais certainement pas à l'administration coloniale qui réussissait mieux les ponts et les routes que l'éducation de leurs enfants. Comme on ne jugeait pas nécessaire de créer des universités sur place, on envoyait en France les étudiants les plus doués ou les plus ambitieux sans deviner que beaucoup y deviendraient les chefs de la résistance au colonialisme. Nous nous sentions alors partagés entre l'affection pour notre pays, la reconnaissance de ses réalisations et notre révolte devant certains de ses agissements dans ses «colonies».

★

★ ★

Si l'Indochine était loin, l'Algérie, par contre, se trouvait à nos portes. Nous avions été nourris, sur les bancs de l'école primaire, des images d'Épinal de ce pays du sud conquis au milieu du XIXᵉ siècle. De la casquette du général Bugeaud à Tartarin de Tarascon, vaillant chasseur de lions en banlieue d'Alger, en passant par les héros de la Légion étrangère qui sentaient bon le sable chaud, nous imaginions les petites sous-préfectures repues de soleil, les colons prenant le pastis sur la grande place et les Arabes un peu paresseux, accroupis à l'ombre de leur mechta. Certes, nous avions pris quelques distances par rapport à cette imagerie mais nous ne nous attendions jamais au coup de tonnerre du premier novembre 1954: les trois départements français d'Algérie venaient de se soulever. Huit ans de combats, de larmes, de deuils, de haines et de sacrifices devaient marquer en profondeur plus de trois cent mille jeunes recrues appelées à «donner leur vie pour défendre ce prolongement africain de la terre française».

Si nous n'avions que faire de ces vibrantes exhortations, nous nous préparions néanmoins à devoir aller passer quelques années au soleil, nourris, vêtus, armés, casqués, éventuellement rapatriés aux frais de la patrie et de ses contribuables. Ce qui nous angoissait, ce n'était pas tellement la perspective d'aller passer vingt-sept mois sous les drapeaux dans le sud, que celle d'aller combattre au nom d'une cause que nous détestions. Nous étions convaincus que cette guerre ne réglerait rien car nous comprenions la volonté des Algériens de relever la tête et de se donner une nation.

Nous savions que notre pays avait sans doute accompli de grandes choses en Algérie mais qu'il n'avait jamais concédé aucun pouvoir, aucune responsabilité majeure aux Arabes. Pire, les injustices, les humiliations, les préjugés ancrés depuis des générations face à ce peuple réputé paresseux, sale ou têtu, la coexistence quotidienne de deux mondes totalement différents, institutionnellement séparés mais vivant cependant assez près les uns des autres, avaient constitué au fil des années le terrain propice à un conflit armé. Avec le recul, on peut considérer que pour les Algériens, la révolte du premier novembre 1954 sonnait la fin du désespoir et de l'humiliation.

À l'université, nous demeurions en contact avec des étudiants maghrébins. Ils nous disaient leur horreur de la violence et du sang versé mais nous avouaient n'avoir d'autre choix que de prendre les armes aux côtés de leurs frères déjà au combat. Nous passions de longues heures à partager avec eux nos espoirs, nos doutes, notre inquiétude. Nous déplorions l'absurdité de cette guerre mais plus encore notre impuissance à y mettre un terme. Les récits d'horreurs, la relation des exactions largement médiatisées, notamment par une télévision encore balbutiante mais déjà efficace, ne faisaient qu'exacerber les opinions, diviser les familles, défaire les amitiés.

Face à une telle situation, nous avions constitué un petit groupe de prières réunissant des étudiants français et algériens dans la recherche d'une paix des cœurs et des esprits. Les uns et les autres ne voyaient pas cette guerre sous le même angle mais ensemble souffraient, espéraient et priaient le Dieu de Mahomet et celui des chrétiens. Nous tenions très fort à cet esprit de communion qui nous apparaissait alors comme la seule alternative à l'absurdité des combats.

En attendant, il nous fallait continuer à étudier, à nous divertir aussi. Le Paris des années 1950 était fascinant et même si, faute de temps et d'argent, nous ne pouvions en profiter comme nous l'aurions souhaité, l'ennui nous était inconnu. Nous réagissions fortement, et sans doute avec quelque naïveté, aux multiples soubresauts d'une actualité qui nous fascinait. Ainsi, au lendemain de la répression par l'armée soviétique du soulèvement de la Hongrie, nous avions participé à une immense manifestation devant les locaux du Parti communiste qui avait cautionné cette intervention et, pendant des mois, nous changions ostensiblement de trottoir quand nous avions à passer devant l'ambassade d'URSS, rue de Grenelle.

Comme nous étions audacieux!

3

LA GUERRE

Vers la fin de décembre 1957, je devais recevoir, entre autres cadeaux de Noël, une invitation à me présenter à la caserne Niel à Verdun, le 3 janvier suivant. On ne pouvait trouver mieux que Verdun, capitale mondiale du sang versé, pour nous inculquer l'art de la guerre, la marche au pas cadencé et l'entretien des armes, le tout bien détaillé dans le manuel du combattant. Tout était centré, dans l'enseignement que nous recevions, sur la chasse aux «rebelles» mais on enrobait ce discours guerrier dans une vision plus «humaniste» des choses. Il convenait de porter secours aux populations éprouvées, de fraterniser avec les bons musulmans ralliés à notre cause, mais de ne faire aucun quartier aux «salopards» du camp adverse.

Je ne pouvais m'empêcher, au cours des séances d'entraînement ou de maniement des armes, de penser aux dits salopards avec les représentants desquels nous priions à Paris. Qui étaient les bons, qui étaient les méchants? Nos adjudants le savaient bien: «Si tu ne tires pas le premier, ce sera lui...» Mais seulement voilà, nous avions de la difficulté à nous convaincre que nos adjudants avaient raison. Nous n'ignorions pas que certains des combattants algériens se conduisaient comme des bandits, que des colons français perdaient leurs biens et même leur vie et nous savions que d'autres rebelles étaient honnêtes et courageux. Mais à la guerre, on ne perd pas de temps à se poser trop de questions. On ne fait pas dans la dentelle; on tue en gros, on va à l'essentiel, on dresse des chiens à sauter à la gorge et les chiens ne savent pas toujours très bien distinguer le rebelle de l'allié fidèle.

Après quelques mois d'entraînement, à Verdun d'abord, dans ces vastes étendues fertilisées par des centaines de milliers de morts, puis dans les verdoyantes plaines de Saint-Maixent, non loin de La Rochelle, nous nous retrouvâmes, en 1958, par une magnifique journée de juin, massés sur les quais de Marseille et prêts à prendre place à bord du paquebot-transport de troupes qui faisait la navette entre Marseille et Oran. J'ai encore en mémoire un extrait d'article de la presse régionale signalant son arrivée: «Le Paquebot *Ville de Tunis* a accosté aujourd'hui à Marseille, ayant à son bord huit cents passagers et... quatre cents Nord-Africains...», sans compter, sans doute, le bétail et les marchandises...

J'eus tout loisir, au cours de la traversée, de me remémorer ces premiers mois d'une vie militaire dont l'enjeu m'apparaissait d'autant plus absurde que je venais de vivre une expérience assez particulière. La perspective de séjourner en Afrique du Nord m'avait rapproché d'un homme que l'Afrique avait sanctifié: Charles de Foucauld. À l'instar de Paul, sur le chemin de Damas, il avait été littéralement terrassé par la Grâce et, depuis, sa vie n'avait été qu'un élan d'amour mystique pour Jésus et pour ses frères. Sa seule ambition avait été alors de se faire le plus petit possible à ses côtés et sa seule tristesse, de n'avoir pu, jusqu'à sa mort en 1916, convaincre un seul disciple de vivre à ses côtés la passion de son Maître. Mais le grain, enfoui, avait germé et, au début des années 1940, René Voillaume, un disciple posthume, avait répondu au cri dans le désert du frère Charles. À sa suite, des femmes et des hommes avaient décidé de changer de route et de partager, dans la prière et le silence, la vie quotidienne des plus démunis. Des bidonvilles de Rio aux «cités de la joie» de l'Inde, en passant par les quartiers-dortoirs des mégapoles, les Petites Sœurs et les Petits Frères de Jésus partagent aujourd'hui le travail ou le chômage ou encore l'exploitation de millions d'êtres asservis et assoiffés d'amour et de tendresse.

Sans trop savoir pourquoi, sans en analyser les raisons, je me sentais attiré par cette existence et décidai, avant de partir pour l'armée, de passer quelques semaines en leur compagnie. Ce fut mon premier contact avec le travail manuel; si je n'ai pas désespéré, c'est que Charles de Foucauld lui-même était également d'une maladresse insigne... Ce fut une initiation à la contemplation, aux longs silences en groupe, à la pauvreté et à l'isolement des travailleurs mais aussi aux doutes et aux interrogations. Plus sensible aux clairs obscurs qu'aux illuminations, je savourai néanmoins, à la veille de partir pour la guerre, quelques instants de grande paix. J'ignorais totalement si cette existence de prière, de silence intérieur et d'action serait un jour la mienne, mais je me doutais que la bourrasque algérienne m'apporterait une vision plus précise des choses.

De nombreux récits ont déjà relaté l'existence des jeunes recrues envoyées en Algérie, au Viêt-nam ou dans les autres pays qu'ils avaient pour mission de défendre et même de «sauver» au nom d'un idéal qui n'a jamais convaincu personne. Il convenait d'agir avec d'autant plus d'énergie que ces régions constituaient, par leurs ressources naturelles ou leur situation stratégique, des enjeux de taille aux yeux des puissances «libératrices»!

Arrivés en Algérie, à Oran plus précisément, sur la côte Ouest, nous fûmes immédiatement mis en contact avec les réalités extérieures de la guerre: fenêtres des autobus grillagées, terrasses des cafés protégées contre les tirs à la grenade, fouilles fréquentes dans les lieux publics, hantise des colis et des voitures piégés et surtout omniprésence d'une armée constamment en état d'alerte. Nous découvrions le bruit, la chaleur, l'animation des rues, les profils sombres des femmes voilées, les enfants, souvent en haillons, jouant dans les caniveaux ou vendant des babioles, les innombrables petits vendeurs de cacahuètes, cireurs de bottes ou gardiens d'autos.

Nous n'eûmes pas vraiment l'occasion de goûter aux plaisirs de la vie en ville. Un train devait nous amener à quelque trois cents kilomètres dans le sud, sillonnant à travers de riants paysages, des plaines verdoyantes, des vignes accrochées aux flancs ondulés des collines du Sud-Oranais. Nous nous arrêtions à des petites gares semblables en tous points à celles du sud de la métropole. Mêmes massifs de fleurs, même place centrale bordée de bistrots, de bars-tabac, d'avenues Gambetta ou Victor-Hugo. Paysage bucolique sur fond de peur chronique et d'accrochages meurtriers.

J'arrivai, seul, au poste qui m'avait été assigné sur ma feuille de route. Étrange impression d'avoir à demeurer pendant deux ans dans ce vallon situé à quelques kilomètres de la petite ville de Frenda, au sud d'Oran. La Fontaine du génie, telle était la dénomination poétique de ce vallon perdu. Curieuse fontaine, presque toujours à sec. Je me demandais bien quelle sorte de génie pouvait se dissimuler dans les buissons piquants et poussiéreux que mordillaient sans cesse des bourricots étiques, accompagnés parfois de meutes de hyènes errantes qui ricanaient en chœur.

En arrivant au poste, la première chose que je remarquai fut un certain nombre de vestes et de pantalons militaires séchant sur des cordes à linge. À mon étonnement de voir une telle lessive se gonfler au vent chaud de juin, on me répondit qu'il y avait eu «un accident». Un camion avait sauté la veille sur une mine de fabrication artisanale, farcie de boulons, de clous, d'écrous et de billes d'acier. Le linge qui séchait avait été préalablement soigneusement nettoyé. C'était celui de sept soldats et d'un officier qui «n'avaient pas eu de chance». Leurs corps venaient justement d'être transportés à la ville pour être ensuite rapatriés en France. Ce détail plutôt macabre devait me ramener immédiatement à des réalités que la beauté du paysage, la chaleur de l'accueil, l'exotisme des coutumes avaient fini par estomper en moi. On me fit remarquer que j'avais bien fait de ne pas être arrivé un jour plus tôt avec ces soldats qui n'avaient pas eu le temps de s'habituer aux aléas de la guerre. Oui, j'avais eu de la chance mais on me recommanda de bien me tenir sur mes gardes...

Effectivement, nous n'étions jamais tranquilles et gardions toujours sur nous notre arme, compagne silencieuse et froide de nos jours et de nos nuits. Un pistolet-mitrailleur MAS 49, précis, rapide et efficace sur lequel il convenait de veiller avec un soin jaloux car, perdue ou endommagée, cette arme occasionnait infiniment plus d'ennuis et de paperasses qu'une quelconque blessure ou qu'un banal décès.

La guerre qui n'osait pas dire son nom (officiellement, nous étions en mission de pacification) nous enveloppait sournoisement et finissait par nous convaincre que des réalités, jadis refusées avec vigueur, devaient maintenant faire partie de notre quotidien. Ainsi tout finissait par devenir normal. Normal de fouiller «énergiquement» des villages suspects, d'en entasser les habitants dans nos camions et de les laisser se débrouiller à quelque trente ou quarante kilomètres; ça leur apprendrait à avoir hébergé des fellaghas clandestins. Normal d'abattre au pistolet-mitrailleur quelque vache bien en chair, fortune d'une famille arabe, suspecte elle aussi de n'avoir pas manifesté à notre endroit une loyauté à toute épreuve. Normal enfin d'assister, sans que nous nous révoltions, à certains interrogatoires musclés à base de décharges électriques savamment dosées. On finissait par nous convaincre que les renseignements obtenus sous la torture nous fourniraient de bonnes informations susceptibles de sauver nos vies ou celles de nos camarades.

Alors, tant pis pour nos principes de paix et nos protestations estudiantines qui s'estompaient peu à peu dans la brume. La rocaille des djebels meurtriers se prêtait moins à l'héroïsme que les pavés du quartier latin. J'admirais le courage de tel camarade qui avait fini par croupir plusieurs mois dans les cachots de la République française pour avoir publiquement dénoncé des pratiques plus ou moins nazies. Pour ne pas demeurer totalement silencieux, nous avions

décidé avec quelques amis de faire parvenir notre percep-
tion des choses à l'hebdomadaire *Témoignage Chrétien*. Cette
revue, née en 1942 avec la résistance, se donnait comme
mission d'informer ses lecteurs de toutes les «bavures» militaires et s'en prenait avec vigueur aux versions officielles
concernant la guerre. Les dirigeants de *Témoignage chrétien*
demandaient à leurs abonnés sous les drapeaux de faire parvenir leur propre vision et je suis convaincu que nos textes,
publiés à plusieurs reprises, ont pu ouvrir les yeux de nombreux lecteurs.

Ainsi nous vivions dans un monde clos, isolés dans
notre vallon, à la merci des ordres du quartier général qui
se tenait au courant des mouvements suspects et nous les
signalait régulièrement. Les ordres nous parvenaient presque
toujours quand nous étions couchés. Nous partions alors en
pleine nuit, tous phares éteints, pour monter des embuscades ou ratisser les collines des alentours à la recherche de
fellaghas détectés par nos indicateurs, lesquels indicateurs
étaient eux-mêmes parfois des «rebelles» chargés de brouiller
les pistes et de nous envoyer là où d'autres «rebelles» nous
attendaient. L'embuscade était notre hantise, l'embuscade
dont personne ne parlait et qui, un jour, éclatait bêtement.
Elle commençait par nous disperser, nous aplatissait derrière
des arbres ou des rochers, chacun cherchant d'abord à se
protéger. Je me suis même vu — et j'étais loin d'être le seul
— décamper comme un lapin, dans un réflexe de survie,
pour revenir ensuite m'occuper du radio, moins mobile, ou
de camarades blessés. Cette espèce de peur qui nous triturait
l'estomac, souillait nos uniformes mais finissait par se dissiper, il faut l'avoir vécue pour réellement la connaître.

La plupart de mes camarades étaient de jeunes bretons,

brutalement extraits de leur ferme ou de leur usine pour contribuer à la «mission pacificatrice» de la France. Ils ne comprenaient pas très bien ce qu'ils avaient à pacifier et s'ennuyaient plutôt de leur village, de leur bistrot, de leur amie ou de leurs bêtes. Le soir surtout, quand les ombres s'allongeaient et que l'heure portait à la mélancolie, ils se réunissaient dans leurs tentes ou leurs baraques; les bières circulaient et les langues se déliaient. J'eus parfois l'occasion de rédiger leurs lettres: «Vous, sergent, vous savez comment tourner des phrases, vous avez l'habitude, on vous fait confiance...» Une de mes tâches, la nuit, consistait à superviser la garde, les sentinelles étant relevées toutes les quatre heures. Je tirais les soldats d'un sommeil profond et ils allaient en titubant prendre leur quart de veille.

Nuit d'ennui: c'est long quatre heures, debout, à bâiller, à rêver, à scruter tout ce qui bouge. Nuit bruyante, sur un fond de criquets, de braiements nostalgiques des bourricots solitaires, d'aboiements proches ou lointains. Nuit complice des confidences: les fiancées qui tardent à écrire, ou la vache qui a bien vêlé. Nuit d'espoir: la permission prévue pour demain, le bout de papier libérateur qui autorise le soldat X à se rendre dans ses foyers pour une durée de quinze jours. Nuit tiède et parfumée qui incite aux épanchements, mais attention, ne soyons pas trop distraits, la section est endormie et l'ennemi n'est pas loin, tapi dans l'ombre. La nuit, les cœurs s'entrouvrent, les rancœurs s'assoupissent.

J'ai retrouvé en Algérie les nuits d'été de mon enfance. On dirait alors que tout est alors plus doux, le mal et les souffrances se font plus discrets, les adultes deviennent tendres, l'univers se fait hospitalier.

Ces nuits d'été furent les meilleurs moments de mon séjour outre-mer.

★

★   ★

Nous disposions de temps à autre de périodes de repos ou de détente pour aller en ville, prendre un verre et voir notamment à l'approvisionnement de notre section, tâche dont j'assumais la responsabilité. Le jour du marché était particulièrement coloré. Tout me paraissait exotique: le chatoiement des djellabas bigarrées, l'arôme des merguez et des brochettes, les exclamations gutturales des vendeurs de thé à la menthe ou de pâtisseries poisseuses.

La guerre semblait loin, les commerçants pieds-noirs se disputaient notre clientèle et sous l'effet de leur conviction contagieuse, nous nous retrouvions, à l'heure de l'apéro, rassemblés dans la moiteur des cafés enfumés, à peine aérés par les pales fatiguées des ventilateurs poussifs.

L'apéro, c'était un peu le temps des défoulements, des confidences, des protestations variées: «On mange mal, toujours des conserves, des haricots, de la charcuterie en boîte... il reste encore six mois à tirer, la solde est minable...» Heureusement on avait à boire, l'alcool était presque donné. C'était bon l'alcool; on pouvait oublier, rêver, perdre la tête sans que personne ne s'en formalise. Au moment des fêtes, à Noël surtout, il fallait boire, boire sans fin, tellement la simple idée des cantiques, de la messe de minuit, des cadeaux, du repos, des femmes, de la douceur du pays pouvait faire mal. Alors on organisait des quarts de relève pour boire: la section était divisée en trois groupes qui, à tour de rôle, buvaient, cuvaient puis montaient la garde de façon à ce que le camp ne soit jamais sans défense et qu'on puisse s'enivrer en toute sécurité.

Par contre, je me souviens d'un certain Noël où nous n'avions pas eu «la chance» de fêter; on avait eu, en haut lieu, la bonne idée de nous parachuter du vin mousseux, du cognac, de la bûche et de la dinde. Hélas, les dieux avaient fait souffler des vents contraires et ces douces gâteries planèrent vers d'autres horizons. Elles ne furent pas perdues pour tout le monde et les «rebelles» eurent sans doute l'occasion unique de faire un peu bombance car, par la suite, au cours d'une opération, nous devions découvrir des emballages et même des reliefs de ces festins providentiels.

J'eus souvent l'occasion, en ces temps de fêtes, de m'entretenir avec des soldats particulièrement vulnérables et nostalgiques. Écœurés par ce qu'ils vivaient, naviguant souvent entre deux vins, certains d'entre eux avaient perdu tout espoir d'un retour normal à la vie civile. Plus rien ne les motivait, ni la petite amie qui, dans leur esprit, les avait probablement quittés pour un autre, ni la ferme qu'on avait sûrement vendue, ni leur métier dont ils étaient certains d'avoir oublié les rudiments. Pire, la gangrène hideuse du racisme avait contaminé beaucoup d'entre eux. Tous les Arabes étaient des traîtres en puissance, des pervertis sexuels, des sauvages qui mutilaient ou émasculaient les prisonniers, en un mot une engeance dont il convenait de se débarasser au plus vite.

Face à cet état d'esprit, nous ne savions trop comment nous comporter, tant nous nous sentions prisonniers d'un contexte de passivité et d'inertie. Il fallait cependant réagir. Un jour, à l'occasion de Noël, à la suite de la messe de minuit, plusieurs d'entre nous décidèrent de mettre sur pied un groupe de partage qui devait devenir par la suite une sorte d'oasis où chacun pouvait venir s'exprimer, chanter, jouer aux cartes, lire, se détendre ou se confier. Certains découvrirent alors une chose extraordinaire: ils n'étaient plus seuls, les voisins avaient quelque chose à communiquer, il n'y avait pas d'un côté les méchants et de l'autre les bons, les justiciers. Le prisonnier arabe, utilisé pour les plus sales besognes, pouvait avoir une dignité, ressentir de la douceur, rêver à sa femme, à ses enfants dont il n'avait plus de nouvelles. Assis à nos côtés autour du feu, il pouvait se sentir des nôtres et même imaginer qu'un jour ce ne seraient plus les armes qui règleraient le sort des humains.

Ahmed Ben Larbi, gardien de chèvre au djebel Boufarik, et Pierre Dupont, cultivateur près de Pont-l'Abbé, étaient de la même race et du même esprit...

★
★ ★

Ces années d'Algérie, cette longue période de tension, d'ennui, de crainte et d'espoir d'en finir, je les perçois comme une étape fondamentale, un virage en épingle à cheveux dans une existence jusque-là orientée vers une carrière traditionnelle, conforme aux espoirs de ma famille et suite logique de mes études. Une carrière dans laquelle les enjeux professionnels se seraient sans doute combinés à une certaine implication sociale. Cela se faisait beaucoup à l'époque.

Cette période, cependant, devait se solder par une cassure. Comme pour beaucoup de mes camarades revenus d'Algérie, quelque chose était brisé en nous, probablement la tranquille assurance d'une route bien connue. Sans en avoir encore vraiment conscience, nous allions presque tous changer d'itinéraire. Les contradictions de cette guerre d'usure, les compromissions, la violence larvée ou parfois même la lâcheté avaient fait de beaucoup d'entre nous des êtres sans idéaux.

Au cours de ces années dans mon vallon près de Frenda, j'avais beaucoup pensé à ces quelques semaines passées avec les Petits Frères de Jésus mais je percevais très nettement que je ne pouvais plus être des leurs. Il m'aurait fallu pour cela posséder une foi plus claire et plus forte, une intimité avec Dieu que, pas plus qu'aujourd'hui, je ne vivais vraiment. Dans un certain sens je me sentais rassuré de savoir ce qui ne me tentait plus: ni une existence de prières, effacée et contemplative, ni une carrière classique honorable et sans doute lucrative. Alors que faire? Où aller?

Une seule certitude bien terre à terre: je n'avais plus à guetter ni à tirer, je n'avais plus besoin de mon arme. Étrange impression de ne plus sentir collé sur le ventre ce tube de métal, ce compagnon familier qui ne me quittait jamais. Je le connaissais par cœur, pouvant même, comme tous les autres, le démonter et le remonter les yeux fermés. Sans y penser, pendant quelques semaines, à la moindre explosion, à la moindre pétarade d'un pot d'échappement, je m'aplatissais, cherchant vainement son rassurant contact. La peur n'était plus là, chevillée au corps, mais l'esprit vagabondait entre deux univers sans se fixer nulle part.

Je ne me sentais donc nullement attiré par la vie religieuse ni par une carrière classique. Je réalise aujourd'hui que j'étais probablement en quête d'une voie très particulière et tout à fait utopique: un univers de paix, de partage, de chaleur humaine, de beauté aussi. Je rêvais de retrouver les nuits d'Algérie sans peur ni angoisses et de vivre dans un monde où je me serais senti considéré, valorisé en dépit de mes limites. Je souhaitais découvrir un milieu dénué de principes moraux trop rigides, de mises en garde, de contingences mondaines, de traditions familiales dont certaines m'apparaissaient vides de sens.

Ce que je voulais, c'était tout à fait le contraire de tout ce que j'avais vécu, non seulement au cours de ces deux années mais en remontant très loin dans mon existence. Je recherchais une sorte d'antidote à une vie dite normale pour laquelle je me sentais malhabile et démotivé.

Je ne devais pas tarder à trouver une réponse.

4

LES FLEURS D'ABORD

*U*n soir de mai 1960, un peu par défaut et sans trop savoir ce qui m'attendait, je sonnais au 9 de la rue Lèchevin, à Paris, dans le XIe arrondissement. Une petite rue d'un quartier peu prisé, presque une ruelle, mal pavée, bordée d'entrepôts et de garages. Le siège social d'un organisme dont j'avais un peu entendu parler, les petits frères des Pauvres. Je savais qu'il y était question de vieillards isolés auxquels on offrait des fleurs et beaucoup d'affection. J'avais été frappé par un texte les concernant où il était question de «remettre un peu d'amour dans la charité». On y évoquait aussi l'éminente dignité des plus pauvres et la folie de cadeaux qu'on n'offre généralement qu'aux riches. L'aura très particulière que dégageait cet organisme m'avait attiré; je n'avais rien à y perdre et cela ne pouvait me faire de mal.

Armand Marquiset, qui avait fondé les petits frères en 1945, était là ce soir de mai. Il m'accueillit très cordialement et presque aussitôt me proposa de partir en province.

«Nous avons reçu en cadeau une vieille abbaye cistercienne au cœur de la France, non loin de Bourges, et nous allons bientôt y recevoir une vingtaine d'invités très âgés. Vous allez donner un coup de main pour le ménage et la cuisine. Les hôtes arrivent bientôt, il faut que tout soit prêt. N'oubliez pas les fleurs surtout, c'est le plus important...»

J'avais été très séduit par cet accueil direct et chaleureux qui ne me laissait guère le temps de soupeser le pour et le contre d'une telle proposition.

Ainsi, presque immédiatement, je me retrouvai dans un camion, coincé entre une armoire Louis XIII et des chaises de style, éléments d'une succession récente destinée à compléter l'ameublement de l'abbaye.

C'était un monde un peu irréel que ce monastère, fondé par saint Bernard au XIIIe siècle et qui accueillait l'été une trentaine de vieillards parisiens fuyant pour un mois leur petit logement surchauffé et sans confort. Il était situé dans un grand parc où évoluaient des paons blancs majestueux et bruyants. Chaque invité avait sa chambre, tendue d'une jolie tapisserie et de rideaux aux couleurs assorties, ornée de glaïeuls, de roses et d'anémones. Madame Martin, une ancienne femme de ménage octogénaire et qui n'était jamais allée en vacances de sa vie, avait fondu en larmes, le premier jour, en découvrant sa chambre. Un jeune bénévole achevait de préparer son lit et elle n'en revenait pas de ce qui lui arrivait. «Pendant soixante ans j'ai fait la chambre des autres, et voilà que maintenant on fait la mienne... Je ne sais pas si je vais m'y habituer!»

Armand m'avait demandé si je voulais bien faire la cuisine. Intimidé et n'ayant osé lui dire que je n'y connaissais absolument rien, j'acquiesçai et il m'en confia la responsabilité, après m'avoir proposé d'observer, pendant trois jours, comment s'y prenait mon prédécesseur. Trente invités gourmands, habitués, chaque fois qu'ils revenaient en vacances à l'abbaye, à des repas fins et délicats, c'était pour moi la fosse aux lions. Comment allaient-ils réagir? Allaient-ils démasquer l'imposteur? Je savais bien peler les pommes de terre et râper les carottes, mais mon art n'allait pas plus loin. Je commençai avec des pâtes et du jambon jusqu'à ce qu'un vieil officier, ruiné, unijambiste et un peu grognon m'apostrophe de verte façon: «Des nouilles?, mais nous ne sommes pas au régime, jeune homme, que je sache!» Sa voisine de table, une vieille couturière, protesta de façon véhémente: «Mais voyons, monsieur, où vous croyez-vous? Vous n'êtes plus à l'assaut! Feriez-vous mieux à sa place? Vous ne voyez pas qu'il vient d'arriver, il commence à peine à faire la cuisine. Je voudrais bien vous y voir! Il se débrouille déjà très bien et s'il est d'accord, je vais l'aider.»

Mademoiselle Thibault me fut effectivement d'un grand secours. Rien n'avait de secret pour elle dans la cuisine, ni le bœuf bourguignon, ni la sauce ravigotte, ni les veloutés forestière. Couturière de talent, elle s'était fait une très bonne clientèle avant la guerre mais depuis, elle avait vu fondre toutes ses économies. Elle vivait sous les toits, dans un petit trois-pièces sans eau courante, au septième étage d'un immeuble bourgeois mais sans ascenseur. Sa grande tristesse n'était pas tant de vivre dans le dénuement presque complet que de ne pouvoir se sentir utile. Elle réalisait avec beaucoup d'amertume que ce qui pouvait bien lui arriver n'intéressait strictement personne. Elle serait morte seule, on aurait appelé la police et l'affaire aurait été classée.

Un jour on avait frappé à sa porte. Elle avait entrouvert: c'était un jeune homme, un bouquet de violettes à la main. Surprise, elle avait commencé par dire qu'elle n'avait rien commandé puis se rendit à l'évidence. Ce jeune homme, un petit frère, avait eu son nom par l'intermédiaire de la paroisse et venait simplement la saluer en lui proposant de venir régulièrement la voir. Ils firent connaissance et depuis ce jour Mademoiselle Thibault (il ne fallait surtout pas l'appeler «madame») se sentit immédiatement au cœur d'une famille, celle des petits frères. L'été suivant, elle fut invitée à passer un mois de vacances à l'abbaye de la Prée. Ce fut un mois de rêve qui se transforma en cauchemar quand il lui fallut retourner dans son four, comme elle disait. Mais elle savait que désormais elle n'était plus seule, qu'on viendrait la voir toutes les semaines. S'il devait lui arriver quelque chose, on le saurait très vite. De plus, elle avait la certitude de pouvoir retourner en vacances jusqu'à la fin de ses jours. Sa chambre l'attendait et cette idée la bouleversait. «Ma vie, disait-elle volontiers, se divise en deux: pendant cinq mois je pense à mes vacances passées et pendant six mois j'imagine mes vacances prochaines. Je ne m'ennuie plus, j'ai maintenant tellement de monde à qui penser...»

À la Prée, il y avait aussi Madame Germaine, une femme un peu boulotte, au visage rose et lisse malgré ses quatre-vingts ans. Dans sa folle jeunesse, comme elle aimait le dire, elle avait fait du cinéma muet et joué le rôle de Bécassine. Maintenant, elle vivait dans un foyer pour personnes âgées où elle s'ennuyait à mourir: «Tous des vieux grognons qui ne veulent même plus écouter mes histoires...» Elle évoquait volontiers des aventures galantes qu'elle enjolivait sans doute et souriait de la mine effarouchée que prenaient les jeunes bénévoles aux moments les plus croustillants des histoires fort lestes qu'elle leur contait à l'occasion.

Je me souviens aussi d'une authentique marquise que les frasques de son fils avaient complètement ruinée. Elle avait depuis perdu un peu la tête, et ne se rendait pas du tout compte de ce qui lui arrivait. Armand nous avait demandé de nous occuper particulièrement d'elle car tout laissait croire qu'elle se pensait encore dans une de ses propriétés; à quoi cela servirait-il de lui révéler la vérité? Alors, avec la complicité des autres vacanciers, nous lui accordions une particulière attention; nous lui faisions faire le tour du parc, chaque soir son lit était fait, son bain était parfumé, on lui portait le journal le matin, on fermait ses volets le soir. Cette dame avoua un jour à une de ses amies qu'elle était ravie de son personnel et qu'elle n'avait jamais été si bien servie de sa vie...

À la fin de son séjour à la Prée, les petits frères lui trouvèrent une maison de retraite agréable où elle s'éteignit peu après sans avoir jamais su ce qui lui était vraiment arrivé.

Occupé aux fourneaux ou au ménage, je me sentais très loin de mon vallon algérien, des sciences politiques et de mon milieu familial. En 1960, il n'était pas encore question des hippies et de la «flower generation» et pourtant les petits frères de cette époque m'en apparaissent aujourd'hui les ancêtres. Fleurs, tendresse, amour, fêtes, c'étaient là les signes auxquels ils se reconnaissaient. Des signes qui m'avaient immédiatement séduit, voire envoûté, comme ils avaient séduit et envoûté d'autres personnes plus ou moins en rupture de ban avec leur existence. Plongé dans cet univers un peu irréel, tellement différent de tout ce que j'avais pu connaître, un monde marginal, une sorte d'underground de l'affection et du bonheur partagé, je décidai d'y rester, au moins quelque temps, ne tenant pas du tout à abandonner ce qu'enfin je venais de découvrir et de vivre pendant ces quelques mois de l'été 1960.

À cette époque, les petits frères constituaient un embryon d'institut séculier, c'est-à-dire une sorte de communauté masculine, mi-religieuse, mi-laïque, exigeant de ses permanents les trois vœux des religieux mais leur permettant de vivre en petits groupes, les fraternités, sans habits ni horaires religieux proprement dits. Armand, le fondateur, n'avait jamais été très à l'aise avec les structures. La volonté de consacrer sa vie au Christ à travers les plus pauvres était, selon lui et selon nous, tout à fait suffisante. Il s'agissait simplement de tout abandonner pour eux, dans un grand élan d'affection et de tendresse, en les considérant comme les êtres les plus importants, pour lesquels rien ne serait jamais trop beau.

À la fin des années 1940, les autorités romaines, sollicitées par les petits frères qui désiraient obtenir une certaine reconnaissance de l'Église, se mirent en tête de transformer ce groupe d'originaux en un ordre plus classique. On s'inquiétait en haut lieu de leur salut et de leur état de perfection et les petits frères, cela dit sans prétention, s'inquiétaient davantage du bonheur des pauvres. Ils devaient par la suite devenir un organisme laïque d'inspiration chrétienne ouvert tant aux femmes qu'aux hommes.

Pour ma part, totalement pris dans cet univers où tous les rapports sociaux et humains étaient bouleversés, je me sentais infiniment heureux tout en éprouvant une certaine difficulté à situer Dieu dans cette aventure. Je sentais que notre élan vital était très proche des exigences de l'Évangile mais je souffrais de ne pouvoir me sentir davantage en harmonie avec ce Dieu censé vivre au cœur des plus pauvres. Le deuxième commandement, «Tu aimeras ton prochain», me paraissait infiniment plus facile à vivre que le premier. Même si les petits frères n'avaient pas eu de caractère religieux, il est fort probable que j'aurais été des leurs. Quoi qu'il en soit, animé par l'action, je me posais peu de questions sur l'approfondissement de ma foi, tout en continuant à observer les principes d'un christianisme culturel et familial. Par ailleurs, je m'accomodais fort bien d'un style de vie à caractère religieux excluant notamment, pour les permanents du mouvement, la possibilité de se marier. L'absence de toute vie sentimentale et sexuelle était, à ce moment-là, compensée par la force de nos liens affectifs. Nous nous sentions un peu hors du monde, vivions sans salaire, en petits groupes, ignorant la compétition et les lois du marché.

L'organisation des vacances d'été, des visites quotidiennes aux personnes âgées, la préparation des réveillons de Noël, la création de nouvelles antennes des petits frères en France et à l'étranger, l'organisation des campagnes de souscription auxquelles la population répondait très fidèlement, tout cela nous occupait amplement, même si des centaines de bénévoles, mus par le même esprit des fleurs avant le pain, nous prêtaient régulièrement main forte. Nous formions un monde en soi, en marge de la vie ordinaire.

Quand des parents et amis me félicitaient ou trouvaient que j'avais du mérite de m'occuper de ces personnes parfois malades, parfois radoteuses, je réalisais à quel point je recevais de leur part infiniment plus que je ne leur apportais.

Non pas que je me sois senti placé sur un piédestal, encore que la tentation ait existé, mais la très grande affection qu'ils me prodiguaient me rendait tout simplement heureux.

Je me souviens en particulier de Madame Jeanne. J'avais l'habitude de venir lui porter trois fois par semaine un repas composé de mets qu'elle appréciait particulièrement: des asperges, du rosbif, du fromage et des pâtisseries. Très gourmande, Madame Jeanne avait connu une certaine aisance et souffrait de sa condition actuelle qui frôlait la très grande pauvreté. Elle n'en revenait pas de se sentir aimée par les petits frères et je n'en revenais pas de la voir toujours souriante en dépit d'un état de santé plus que précaire. Elle me contait sa vie avant la guerre, les petits voyages qu'elle faisait avec son mari, leurs repas au restaurant, puis la guerre, la mort de son mari, la gêne qui s'était installée. Elle n'avait jamais voulu déménager. Un jour elle m'avait montré fièrement son lit: «Vous vous rendez compte, ce lit c'est celui dans lequel je suis née, il y a quatre-vingt-sept ans. Je n'en ai jamais eu d'autre, je n'ai jamais déménagé. Quand je me suis mariée, mes parents m'ont laissé leur appartement et sont partis. Mon mari est venu s'installer chez moi. J'espère tant mourir dans ce lit où j'ai vu le jour...»

Au fil des visites, je me sentais plus proche de Madame Jeanne. Un jour, la concierge me dit qu'on avait dû la transporter à l'hôpital, un de ces grands établissements parisiens à la belle architecture mais si peu... hospitaliers.

Pris par mes activités, j'avais attendu quelque peu avant d'aller la voir. Un beau matin, je me décidai. Il me fallut traverser de grandes salles anonymes, des couloirs qui n'en finissaient pas pour accéder enfin à la salle Laennec du pavillon Bichat. L'infirmière me fit savoir que Madame

Jeanne était à la dernière extrêmité et qu'elle était incapable de communiquer avec qui que ce soit. Effectivement, j'eus de la difficulté à reconnaître ma vieille amie toute recroquevillée sur elle-même. Je lui touchai légèrement la main, elle entrouvrit les yeux, me fit un tout petit sourire et me dit simplement ceci: «Je t'attendais...»

Un peu plus tard, elle renversa sa tête en arrière. L'infirmière prit son pouls. C'était fini.

Pour réaliser les séjours d'été des personnes âgées dans les «châteaux du bonheur», pour confectionner les centaines de milliers de colis de Noël (nous louions pour cela la grande salle du Grand Palais à Paris), pour financer la fondation d'autres maisons des petits frères à travers la France puis aux États-Unis et au Québec, il fallait de l'argent, beaucoup d'argent, d'autant plus qu'Armand Marquiset nous avait appris à ne jamais compter quand il s'agissait de nos invités. Les petits frères n'auraient ainsi jamais pu subsister sans l'aide fidèle des donateurs régulièrment sollicités. Et ces donateurs étaient de toutes origines. Des gens à l'aise, bien sûr, qui pouvaient offrir une maison, une voiture ou laisser un héritage, mais surtout — et elles constituaient la majorité — des personnes d'origine plus modeste qui souvent se privaient pour envoyer leur participation. Ces personnes avaient compris, comme disait Armand, que si le nécessaire était utile, le superflu, lui, était indispensable. Ce superflu qui pour tout le monde constitue le geste inattendu mais tellement chargé de sens. Un peu comme un bouquet de fleurs qu'on offrirait à une amie sans raison particulière, même si ce n'est pas sa fête, tout simplement parce qu'on l'aime.

Bien avant l'heure du «charity business» ou des campagnes de souscription bien structurées, soumises aux lois et codes de la publicité, nous faisions ainsi parvenir, comme nous le ferons plus tard à Montréal, des centaines de milliers de lettres de sollicitation et recevions aussitôt un nombre impresionnant de chèques souvent accompagnés de commentaires affectueux, voire émouvants. Les uns nous confiaient la situation de leurs proches, d'autres nous demandaient de prier pour eux. Certains nous relataient leur existence, leurs projets, leurs malheurs et leurs joies, tous nous accompagnaient et nous soutenaient dans notre tâche. C'est certainement la présence constante et discrète de tant de donateurs, personnellement associés à l'action des petits frères qui, depuis bientôt cinquante ans, leur a permis de mener à bien l'aventure initiée par leur fondateur en 1946.

5

L'AVENTURE OUTRE-MER

Très tôt, dès le début ou presque de leur fondation, les petits frères des Pauvres essaimèrent. En France d'abord, dans quelques villes importantes puis, en 1948, au Maroc, à Casablanca, où de nombreux Européens âgés se trouvaient isolés et même étrangers dans un pays dont ils se sentaient de moins en moins les ressortissants. Arrivées très jeunes au Maroc, la plupart de ces personnes âgées n'avaient conservé que très peu de liens avec la métropole. Après l'indépendance du Maroc en 1956, les petits frères avaient reçu les autorisations nécessaires pour pouvoir rester, mais il avait fallu qu'ils s'engagent à ne mener aucune action sociale auprès des marocains musulmans. La crainte du prosélytisme était en effet très vive et, il faut le dire, assez souvent justifiée.

Après Casablanca, les petits frères s'installèrent à Naples. Là, ce n'était pas les vieillards mais les enfants qui subissaient le plus le contre-coup de la période d'après-guerre, les enfants qui pouvaient traîner dans les rues jusqu'à minuit ou même encore plus tard. Les enfants peu scolarisés, à peine nourris, entraînés à mendier ou à voler pour le compte de véritables souteneurs qui les battaient quand ils revenaient les mains vides et, dans le cas contraire, leur laissaient quelques piécettes.

À Naples où j'arrivai en octobre 1960 (je devais y rester six mois), notre tâche était relativement simple: nous avions loué une grande maison où nous recevions le matin des enfants qui allaient en classe l'après-midi, car il n'y avait pas assez de place dans les écoles, et l'après-midi, nous accueillions les enfants scolarisés le matin. C'étaient des garçons seulement car l'idée même de mixité était encore impensable. Comme tous les enfants du monde, ils étaient vifs, attachants, chaleureux, parfois violents ou sournois. Certains portaient les stigmates de situations familiales déplorables et nous parlaient volontiers de leurs problèmes, de leurs parents qui les battaient, de leur sœur ou de leur cousine particulièrement accueillantes pour les marins américains en permission. Ils auraient bien voulu gagner de l'argent comme elles, certains le faisaient d'ailleurs car, disaient-ils, pour les américains, il en fallait de tous les genres.

J'aimais malgré tout l'atmosphère de Naples, ce grouillement incessant de vie où le pittoresque — paysages de carte postale de coucher de soleil sur la Méditerranée sur fond de pins parasols —, côtoie le sordide, la misère et l'injustice. Il est presque inexplicable de se sentir heureux dans un tel contexte. Je savais que notre action était une goutte d'eau dans la mer mais en même temps, la joie de voir un ou plusieurs de «nos» enfants inscrits dans une école technique, avec la perspective d'un vrai métier, compensait la tristesse de regarder déambuler sans fin la nuit, dans les ruelles de la haute ville, ces petites silhouettes qui semblaient chercher quelque illusion de bien-être dans un monde où, pour eux, l'espérance n'avait pas grand place.

Casablanca, Naples... Ces séjours ont sans doute accru en moi le désir de voyager, de vivre encore plus loin l'aventure des petits frères. C'était la seule qui avait un sens à mes yeux après l'épisode algérien où j'avais eu tout loisir de mesurer la distance qui pouvait me séparer des miens. Beaucoup de mes amis avaient fait cette guerre, mais je me sentais incapable de me réinsérer, comme ils avaient pu le faire, dans un monde «normal» où l'on nourrissait des ambitions «normales». Il me fallait, je m'en rends compte aujourd'hui, prendre des distances. Aussi, lorsqu'Armand me proposa d'aller aux États-Unis seconder le fondateur des petits frères de Chicago, je fus le plus heureux des hommes et je pris concience que j'avais beaucoup de chance: pouvoir quitter mon pays dans le sillage d'une aventure qui me passionnait. Découvrir d'autres horizons tout en échappant à la condition d'un immigrant solitaire.

Il n'était point dans mon tempérament de brusquer les choses et d'affronter mon entourage. Très attaché aux miens, je voulais cependant m'en protéger. Aussi fus-je très heureux de pouvoir rompre les amarres sans avoir à couper les ponts.

★
★ ★

1113 West Chicago Ave, corner Milwaukee St. and Ogden Ave. C'était, en 1961, l'adresse des petits frères des Pauvres à Chicago, The Little Brothers of the Poor. Une drôle d'adresse assez surprenante pour les habitués des œuvres de charité classiques ayant pignon sur rue dans des quartiers bourgeois, blancs bien entendu, coquets et verdoyants.

Mais que venaient donc faire dans ce «bad and poor neighborhood» ces curieux Français subventionnés par les donateurs de leur pays pour s'occuper des pauvres de l'opulente Amérique, d'une Amérique qui digérait tranquillement les retombées fécondes d'un prospère après-guerre. Si encore ils avaient élu domicile en quelque endroit plus agréable et surtout plus acceptable où on aurait pu aller les visiter sans crainte. Mais non, ils s'étaient installés près de la voie de service d'une autoroute en construction, dans un quartier peuplé de Noirs et de Portoricains, de «liquor stores» barricadés, de trottoirs défoncés, de carcasses d'automobiles et de rues mal pavées. Et quelle idée surtout de recevoir tous ces gens âgés pour leur offrir de la cuisine française et des fleurs naturelles! «C'est difficile à comprendre», écrivait en février 1962 le magazine *Newsweek* en informant ses lecteurs qu'à cette adresse, on pouvait trouver «the best food in town in the most dilapidated building[1]»!

Il faut dire qu'il y avait de quoi surprendre, non seulement les journalistes et le bon public, mais surtout les vieux amis des petits frères, peu habitués à recevoir des fleurs ou des repas fins et à se faire embrasser par des jeunes gens parlant un anglais encore très approximatif. Surpris, les personnes âgées comprirent cependant très vite le sens de notre action: là où se trouve l'affection, le langage perd de son importance. Peu importe qu'ils soient Français ou Chinois, ils nous aiment, ils nous invitent à de belles fêtes, ils ne prêchent pas leur religion, ils nous considèrent comme du

---

1. La meilleure nourriture en ville dans l'immeuble le plus délabré.

monde hors de l'ordinaire. Ils viennent nous voir dans nos quartiers du sud, là où les blancs se présentent rarement sauf pour faire la police ou venir ramasser nos chèques de loyer.

À Chicago, je fus accueilli affectueusement par des personnes qui se sentaient membres d'une même famille quand elles se retrouvaient régulièrement dans la grande salle du 1113 Chicago Ave. ou lorsqu'elles allaient pique-niquer l'été dans les jardins de la vaste résidence d'un ami des petits frères, à Evanston, près du campus de l'université. Un endroit certainement peu fréquenté par les vieux Noirs dont les grands-parents esclaves avaient rarement été les hôtes des demeures coloniales.

Mais c'était l'été que nos invités étaient le plus heureux. Ils se retrouvaient, par groupes successifs, dans une belle maison du Wisconsin, au bord du lac Geneva. Cette maison nous avait été offerte mais il avait fallu la meubler entièrement, la repeindre, la rafraîchir, en quelques semaines. Je me souviens du premier séjour de vacances, en juillet 1962. Quelques jours avant l'arrivée des invités, on posait encore du papier peint. On ne pensait jamais finir à temps. On travaillait la nuit, on passait d'une chambre à l'autre, essayant d'imaginer qui pourrait bien l'occuper. Quand les invités arrivèrent les uns après les autres, transportés par des chauffeurs bénévoles, ils ne réalisèrent pas vraiment ce qui leur arrivait. De vieilles Noires se mirent à danser, à s'embrasser et à louer le Seigneur en improvisant des gospels à la gloire des petits frères et de leur action!

Un vieillard de race blanche me confia qu'au contact de cette joie bruyante et contagieuse, il avait ressenti pour la première fois de sa vie l'absurdité totale du racisme. C'est vrai, disait-il: «Je ne les aime pas, les Noirs, mais ce que je sais, ce soir, c'est qu'ils se sentent aimés. Moi aussi! Alors, je pense que je vais me plaire en vacances avec eux.»

À Chicago, j'étais très heureux, sans doute en partie parce que j'avais pris de la distance par rapport à ma famille. J'avais en effet l'impression de n'avoir de comptes à rendre à personne. Je m'intéressais à l'existence de mes proches, j'écrivais régulièrement, recevais avec grand plaisir des nouvelles des uns et des autres et pouvais imaginer les hauts et les bas de leur existence quotidienne, les mariages, les naissances, les baptêmes. Jamais cependant je n'aurais eu un seul instant l'idée de revenir en France. Quand j'allais y passer quelques semaines, mon premier souci était de ne pas perdre le billet de retour qui me permettrait de regagner un monde où je pouvais trouver sans difficulté une signification au moindre geste quotidien. Chaque effort, chaque difficulté étaient immédiatement payés en retour: un sourire, la conviction d'être utile, la joie de fêter ensemble, la tristesse aussi de voir mourir des êtres aimés, de leur tenir la main quand ils s'en allaient et de les accompagner, parfois seul, à leur dernier voyage.

À Chicago, je ressentais également l'absurdité de la condition humaine: une vieille femme pouvait se mourir dans une maison de chambres sordide du centre-ville à quelques «blocks» de l'hôtel le plus luxueux de la ville.

Cette vieille femme, c'était Emma Muller, arrivée d'Allemagne peu après la guerre où elle avait perdu tous les siens. Un neveu éloigné l'avait accueillie à Chicago et lui avait trouvé une place de serveuse de restaurant, ce qui la changeait de sa condition bourgeoise, de *Hausfrau*, femme au foyer dans une banlieue agréable de Berlin. Comme on avait engagé du personnel plus jeune et plus avenant, elle s'était assez vite retrouvée sans emploi et avait fini par échouer au quinzième étage d'un vieil hôtel miteux transformé en pension aux chambres minuscules, subventionnée par Bien-être social américain.

De temps en temps, l'été, Emma allait s'asseoir sur un banc de Lincoln Park, face au lac Michigan, là où l'air était respirable, les écureuils peu farouches et les enfants spontanés. C'est à cet endroit que je la rencontrai pour la première fois. Je n'eus aucune difficulté à engager la conversation car, me voyant manger, elle m'avait demandé s'il ne me restait pas un peu de pain pour les écureuils qu'elle avait l'habitude de nourrir. Je venais de France, elle d'Allemagne, nous échangeâmes nos impressions sur Chicago, elle évoqua son bonheur passé et sa solitude présente. Je lui parlai des petits frères; cela l'intéressa et elle accepta que je la raccompagne chez elle, me demanda d'excuser le désordre et m'offrit le thé. Elle me montra des paquets de photos soigneusement empilées dans un tiroir: chapeau cloche et robe à taille basse, en tenue de voyage avec un petit chien, sur la terrasse d'un chalet bavarois, au bras d'un Herr Doktor empesé. Adieu Lili Marlene...

En la quittant, je lui fis promettre d'accepter une invitation chez les petits frères. J'allai la chercher en auto, elle me montra le restaurant où elle avait travaillé, me parla de son mari, de ses enfants, du Berlin d'avant la guerre, des thés qu'elle donnait tous les mercredis où, invariablement, à la fin de l'après-midi, elle se mettait au piano et chantait quelques lieder. En écoutant Emma me narrer ses souvenirs, je ne pouvais m'empêcher de réfléchir sur le sens de la destinée humaine. J'aurais pu aussi bien naître à Berlin où dans un «housing project» du sud de Chicago... D'origine française, issu d'une vieille famille de l'aristocratie lorraine, que faisais-je dans cet appartement étouffant en compagnie de cette vieille Allemande qui me racontait Berlin dans un mauvais anglais? À ces moments-là, je me sentais très près d'Emma, son Berlin natal me devenait familier, je prenais le thé avec elle ou l'acompagnais à la brasserie où elle se rendait plus ou moins en cachette car ce n'était pas de très bon ton pour une *Hausfrau*. Mais comme j'étais avec elle, cela pouvait passer...

En arrivant chez les petits frères, Emma fut d'abord intimidée par toutes ces personnes qu'elle ne connaissait pas, mais elle commença à se sentir à l'aise au contact des autres invités. À la fin de la soirée, elle ne se fit pas prier pour se mettre au piano.

Comme je la raccompagnais, elle me demanda de retourner la voir, à condition qu'on ne lui apporte ni nourriture, ni argent: «Ça, je ne pourrais jamais le supporter. Je suis contente d'aller avec vous en vacances, au restaurant, tout cela me rappelle des souvenirs heureux; je sais maintenant que je peux compter sur vous. Mais je serais incapable d'accepter quoi que ce soit d'autre...»

La santé d'Emma n'était pas bonne. Il fallut la faire hospitaliser de plus en plus souvent. J'allais la voir au Cooke County Hospital, l'établissement des pauvres qui ne peuvent se payer, c'est le cas de le dire, une santé à l'américaine. L'été suivant, elle eut un bref répit et nous pûmes l'inviter au bord du lac où elle passa dans sa chaise longue des soirées d'été douces et calmes. À la fin du séjour, quand je la raccompagnai chez elle, je pus lire dans son regard une très grande détresse. Berlin c'était fini, même en pensée. Elle m'étreignit sans rien dire puis elle se reprit et m'embrassa longuement. Je devais la revoir à quelques reprises, mais elle était de plus en plus malade.

Elle nous a quittés définitivement par un bel après-midi d'automne; c'est la voisine qui nous a prévenus. Son neveu décida de s'occuper de tout; il hérita de quelques biens. Nous, nous gardions le souvenir d'Emma.

★

★ ★

Les États-Unis du début des années 1960 somnolaient dans une certaine quiétude, apparemment indifférents aux grandes secousses sociales qui devaient les agiter un peu plus tard. Même si un jeune président leur parlait de nouvelles frontières et de défis à relever, les problèmes de fond étaient à peine abordés. À Chicago, si le racisme demeurait relativement discret, s'efforçant de voiler la face hideuse qu'il affichait dans le Sud, il n'en était pas moins présent. L'apparition d'une famille noire aisée dans un quartier blanc «très convenable» suscitait en général une farouche opposition car cet aménagement avait pour effet de dévaluer l'immobilier. Les propriétés sises le long des autoroutes ou à la limite des quartiers noirs se vendaient fort mal. Quant à l'Église catholique, fruit d'un melting pot qui avait bien pris, une sorte de sauce «blanche» à base d'ingrédients irlandais, italiens ou polonais, elle s'accommodait bien d'une situation qui ne la forçait pas à intervenir. Il fallait cotoyer des groupes de chrétiens plus engagés pour mesurer l'ampleur de l'indifférence religieuse vis-à-vis les problèmes sociaux. Au cours d'un séjour à New York, je pus entrer en contact avec une sorte d'underground de l'Église américaine, les Catholic

Workers, fondés après la guerre par Dorothy Day et Peter Maurin, deux militants de longue date qui s'opposaient aux injustices générées par l'*American Way of Life* et commençaient à regarder d'un air méfiant les premiers «observateurs» américains envoyés au Viêt-nam. J'eus la chance de passer quelques semaines avec eux sur Delancey Street, au cœur du Bowery, un quartier qu'il était inconvenant de nommer dans les salons de New York car il évoquait la crasse, la puanteur, l'abandon, les poubelles débordantes, le vomi d'ivrogne et la violence larvée. Quelle grossièreté, quel chancre mal placé dans la ville hôte de l'ONU, du Metropolitan et du Guggenheim!

Les Catholic Workers ne se contentaient pas d'éditer et de diffuser leur célèbre quotidien à un cent ni de contester le système social américain. Ils vivaient au milieu des plus pauvres qu'ils nourrissaient et instruisaient, comme certains Anglais devaient le faire dans le Londres de Dickens. Beaucoup moins médiatique qu'une mère Teresa mais tout autant brûlante de compassion, Dorothy Day se consumait littéralement au service d'une cause, un socialisme américain à visage humain, et se consacrait à des individus, scories du capitalisme, laissés-pour-compte de l'abondance tranquille. Elle se sentait très seule avec ses quelques compagnons car si, à Calcutta, la misère émeut et mobilise à l'occasion le monde entier, à New York, elle se contente d'interpeller les sociologues auxquels elle inspire des ouvrages estimés. Elle soulève le cœur des consciences sensibles qui préfèrent alors se vouer à des causes plus convenables.

★

★   ★

J'aimais donc Chicago et j'avais une prédilection pour les quartiers du sud où nous comptions de très nombreux vieux amis noirs. Nous y étions reçus comme des enfants de la famille avec force démonstrations de joie et d'affection. Je me souviens, comme d'hier, d'une fête qu'ils avaient organisée à l'occasion de mon départ pour Montréal. C'était dans le sous-sol d'une église baptiste de Dearborn Street, dans la partie sud de Chicago. Des personnes âgées et leurs familles s'étaient réunies pour m'exprimer ou plutôt me chanter leur affection et ils improvisaient des rythmes en dansant et frappant des mains.

J'étais triste d'avoir à partir car j'étais bien avec eux. J'étais heureux dans ces immenses *projects*, ces univers uniformes de briques et de béton, aux relents d'urine et de désinfectant. J'étais tout à fait conscient que la vie dans cet univers n'avait rien de particulièrement attrayant et que l'espérance s'arrêtait à la ligne d'horizon du *Welfare*. Comme cinq ans plus tôt en Algérie, j'étais tous les jours témoin d'injustices et d'inégalités. Inviter quelques vieillards, les choyer même, les emmener en vacances, tout cela me semblait-il était excellent, mais le problème n'était pas vraiment réglé. Je pensais au jeune homme riche de l'Évangile qui ne se sentit pas capable de suivre le Maître et de vendre tous ses biens. J'aurais pu, comme d'autres l'ont fait, relever avec mes amis noirs les défis que des hommes comme Martin Luther King ou Ralph Abernathy proposaient déjà à leurs frères.

Mon départ pour Montréal coupa court à ces réflexions, mais la question demeurait posée: où s'arrête l'engagement au service des pauvres?

6

LE VIRAGE QUÉBÉCOIS

*E*n 1959, Roland Longpré, jeune comédien montréalais, prend connaissance d'un numéro spécial du mensuel français *Fêtes et Saisons* consacré aux petits frères des Pauvres. Il est alors interpellé et va consulter son ami le père Émile Legault, pionnier de la vie artistique montréalaise. Il laisse là carrière et projets et s'envole pour Paris où il propose ses services au mouvement. Dès lors, il n'a de cesse qu'une branche montréalaise soit fondée. Séduit par cette idée, Armand Marquiset arrive à Montréal en 1961 pour effectuer une visite de reconnaissance et tâter le terrain. Peu après, un autre Québécois, Maurice Ouellet, qui a, lui aussi, entendu parler des petits frères, décide de se joindre à eux. Avec Armand, il procédera en 1962 à la fondation officielle des petits frères des Pauvres en terre québécoise. Il en sera le premier directeur. Armand me demanda alors de le seconder.

J'acceptai à contrecœur, non pas que la perspective de venir à Montréal m'ait été désagérable, mais je trouvais très dur de quitter Chicago et d'entamer une nouvelle vie à un moment où j'étais tellement bien ailleurs. Je ne me sentais ni prêt à venir à Montréal, ni véritablement désireux de le faire. Ce vaste pays où l'on parlait français ne m'attirait guère parce qu'il m'éloignait de l'autre pays où je me sentais chez moi. L'ordre reçu m'apparaissait rigide: quitte tes amis, ceux que tu aimes et qui t'aiment, et va vers un pays que tu ne connais pas. Un pays où il te faudra recommencer, repartir, redécouvrir. Un drôle de pays qui n'est ni français ni anglais ni américain mais qui cherche à être lui-même. Un pays chaleureux et froid, créateur et traditionnel, accueillant mais réservé face aux «cousins» qui ne savent pas encore que «le Québec et la France sont deux pays séparés par la même langue.»

C'est ce pays que j'appris à connaître à partir du printemps 1963. Les petits frères avaient élu domicile dans une ancienne maison de chambres, rue Bleury, juste au sud de la rue Sherbrooke. Une dizaine de pièces réparties sur trois étages, un environnement surprenant dans un contexte où tout ce qui touchait de près ou de loin à la religion s'octroyait un minimum (et parfois un maximum) de confort, voire de luxe. Pourtant, nos vieux amis se sont vite sentis à l'aise dans un décor qui leur rappelait leur logement. Quand ils étaient invités à prendre un repas avec les petits frères, rien ne les surprenait si ce n'est les bouquets de fleurs fraîches, les bouteilles de vin, les chandelles et les nappes blanches.

Mais avant de les inviter, il avait d'abord fallu les connaître. À l'heure de sa grande prospérité économique, au moment où l'on ne parlait que de la future Exposition universelle, du métro à venir, des gratte-ciel qui poussaient comme des champignons, Montréal n'était pas pressé de montrer ses vieillards démunis qui auraient risqué de déparer l'agréable image d'une métropole en complète transformation. D'ailleurs le maire Jean Drapeau eut soin, quelques années plus tard, d'ériger des palissades pour épargner aux visiteurs une vue déprimante sur les taudis qui constituaient, à ses yeux, une tache de très mauvais goût au sein de sa ville en pleine croissance.

★

★ ★

Quelques curés dynamiques et des animateurs sociaux bienveillants nous signalèrent l'existence de personnes âgées qui tentaient de vivoter avec une petite pension mensuelle de soixante-cinq dollars et habitaient rue Saint-Thimothée ou rue Saint-André. Ces rues délimitaient assez bien le «red light district», le quartier chaud des maisons de passe. Les gens âgés dont nous nous occupions habitaient presque tous le même type de logement: deux pièces, trois au maximum, pas d'eau chaude, un système de chauffage archaïque, pas de sous-sol et beaucoup, beaucoup de coquerelles.

Ces personnes étaient très surprises de la visite de ces jeunes mi-religieux, mi-laïcs dont certains arrivaient directement de France. Ce n'était pas des Témoins de Jéhovah car ils ne parlaient pas de religion, encore moins de conversion ni de fin du monde. Ce n'était pas des vendeurs ambulants, ils ne faisaient la promotion d'aucune encyclopédie mais se contentaient d'offrir un petit bouquet de fleurs ou une boîte de bonbons Laura Secord. «Mais ce n'est pas ma fête, Monsieur, et puis jamais on ne m'a encore offert de fleurs...»

Le premier réflexe était d'abord la méfiance, puis l'incrédulité, enfin une espèce d'espoir fou, insensé: «Je serais donc une personne si importante pour qu'on m'offre des fleurs naturelles! Pour qu'on m'invite à manger dans de la belle vaisselle et à boire du vin de France! Je pourrais donc avoir à nouveau une famille, des gens qui m'aiment! Qu'est-ce qui peut bien m'arriver pour l'amour du ciel?»

Ce qui leur arrivait c'est que, pour la première fois de leur vie sans doute, des étrangers réussissaient à les convaincre qu'ils étaient des êtres importants: aussi importants et peut-être même plus que les habitués des honneurs, des bons restaurants et des maisons confortables.

Un jour, une journaliste réalisa un reportage très sensible sur les premières activités des petits frères: les réveillons de Noël, les vacances à Saint-Jovite, etc. Elle conclut son article en écrivant que tout ce que réalisaient les petits frères, c'était en quelque sorte le monde à l'envers.

Je pense que cette journaliste, en dépit de sa bonne volonté, s'est lourdement trompée. Ce que les petits frères s'efforçaient de rétablir, c'était en réalité le monde à l'endroit. Un monde où il serait normal que les gens les plus seuls, les plus démunis puissent se sentir réellement aimés et surtout choyés. Mais l'amour ne se contente pas de sentiments, il exige des gestes et des gestes parfois complètement fous pour pallier la meurtrière banalité des relations humaines et l'incohérence des rapports sociaux.

Dès notre arrivée à Montréal, rue Bleury, nous nous sommes efforcés de rendre notre maison la plus familiale possible. Les bénévoles qui venaient nous voir avant d'aller rencontrer les personnes âgées étaient invités à dîner ou à souper, à éplucher les légumes ou à faire la vaisselle. Petit à petit, ils se sentaient chez eux, nous confiant à l'occasion leurs joies, leurs peines, leurs projets, leurs attentes qui étaient souvent similaires à celles de nos vieux amis. Ainsi je me rendais compte que Madame Gervais, âgée de quatre-vingt-trois ans, isolée et sans ressort, ressemblait fort à Manon, une bénévole qui, à dix-neuf ans, ne croyait déjà plus à grand-chose. En franchissant le seuil de la rue Bleury, seul comptait pour elle l'espoir d'être accueillie et aimée, comme elle aurait souhaité que ce soit le cas dans sa famille. Je ne voyais guère de différence entre l'octogénaire et l'adolescente, l'une et l'autre étant «en manque» d'affection et tout simplement de considération, l'une et l'autre étant prêtes à vibrer un peu plus, à s'ennuyer un peu moins. À ce sujet, les grands réveillons de Noël que nous avons organisés dès 1963 dans six endroits différents de Montréal suscitèrent auprès des invités et des bénévoles un même élan d'affection et de chaleur humaine. L'espace de quelques heures, nous vivions l'utopie recherchée en vain par les idéologues de tout acabit: il n'y avait alors plus de riches ni de pauvres ni de vieux ni de jeunes.

Ce sont d'ailleurs ces réveillons qui n'ont pas tardé à faire connaître les petits frères. Ainsi, dès le mois d'août, des centaines de bénévoles commençaient à recopier des adresses à partir de l'annuaire téléphonique. En octobre, débutait la campagne de souscription proprement dite. Un grand nombre de personnes «envahissaient» la rue Bleury, puis plus tard la rue Garnier, sur le plateau Mont-Royal.

Madame Gingras, une habituée de la rue Garnier, décrivait ainsi l'ambiance de la campagne: «Si vous aviez pu voir ça, les journées de campagne de souscription chez les petits frères, ça n'avait pas d'allure! On arrivait vers neuf heures le matin. On prenait d'abord un bon déjeuner, on se servait soi-même comme à la maison. Il y en avait même qui déjeunaient deux fois. On s'organisait bien. C'était Monsieur Ernest Routhier, Monsieur Richer et Mademoiselle Caron qui s'occupaient de tout. Certains mettaient les dépliants dans des enveloppes, moi je m'occupais des timbres, j'en ai léché des milliers de têtes de reine! Il fallait faire très attention, autrement tout était mêlé. Vous pensez, deux cent mille lettres, deux cent mille enveloppes, deux cent mille dépliants. Les journées étaient longues mais on s'arrêtait parfois pour jaser entre nous. On prenait un café, on allait remplir les sacs de courrier dans le salon, en entrant à droite. Il y en avait presque jusqu'au plafond. L'humeur était excellente. Sauf une fois où Monsieur Boucher avait posé son manteau neuf sur un paquet de vêtements préparés pour le vestiaire de la sœur Bonneau, rue des Commissaires. On n'a plus entendu parler du manteau, mais Monsieur Boucher, on l'a entendu parler! Chaque fois qu'un nouveau bénévole arrivait, il avait droit à l'histoire du manteau...»

★
★ ★

En octobre 1963, Maurice Ouellet, le premier petit frère de Montréal, décidait de quitter le mouvement. Je me retrouvais ainsi seul responsable. À cette époque, nous étions encore largement financés par des donateurs français, ce qui ne manquait pas de surprendre: «Comment? vous venez en aide à des personnes âgées québécoises avec de l'argent de

France!» Cette situation devait d'ailleurs nous servir et inciter les donateurs à nous encourager pour corriger ce paradoxe humiliant pour beaucoup.

Dès la fin octobre, il fallait également prévoir les réveillons: nous avons eu environ mille invités pour Noël 1963. On proposait bien sûr le menu traditionnel mais l'essentiel était pour nous de recréer une atmosphère de fête où les invités se sentent choyés comme des hôtes de marque. Quoi de plus déprimant que ces longues tables garnies d'assiettes en carton et de gobelets en plastique!

Vers la mi-décembre, nous prenions contact avec des boulangeries qui acceptaient de cuire les dindes bénévolement. Nous lancions ensuite un appel général afin de trouver les vingt ou trente personnes affectées au dépeçage des volailles et à leur congélation. Une première étape était ainsi franchie. Pendant ce temps nous étions très affairés à recevoir les dons, à répondre aux donateurs, à classer des fiches, à émettre des reçus. La rue Bleury, puis plus tard la rue Garnier devaient devenir de véritables fourmilières où chacun, chacune avait sa place déterminée. Le téléphone sonnait sans cesse: des demandes d'aide, d'informations, des offres de collaboration, pour la nuit de Noël surtout. Cette nuit de Noël où il fait si mal de se retrouver seul chez soi. Alors, au lieu de demander de l'aide, démarche toujours un peu humiliante, on offre son concours pour aider certes, mais avant tout pour de pas avoir à se retrouver seul. Ce qui explique la surabondance d'offres reçues par les petits frères à partir de la mi-décembre.

La solitude des fêtes, tout le monde la ressent. Combien de personnes âgées m'ont avoué leur tentation de prendre une pilule le vingt-trois décembre pour pouvoir se réveiller le trois janvier suivant. Combien de bénévoles m'ont confié leur volonté de faire n'importe quoi pour les petits frères, plutôt que de passer les fêtes enfermés dans leur petit logement. Tous détestent cette solitude avivée par la joie des autres, cette solitude, reflet d'un isolement permanent, tolérable en temps normal, mais beaucoup plus douloureuse quand les autres se rassemblent pour fêter. Cela devient presque de la provocation. Noël apparaît ainsi comme le grand révélateur de nos peines et de nos joies mais aussi comme l'expression quelque peu ambiguë de nos solidarités éphémères. Car si, en ces périodes des fêtes, les générosités étaient vives, quelques semaines plus tard, elles semblaient s'essouffler et peu à peu s'éteindre. Ce n'est pas que les gens deviennent égoïstes après s'être tant dévoués mais la grisaille d'un quotidien routinier a tendance à freiner les élans du cœur.

Cependant, certains de nos vieux amis nous confiaient qu'à leur grand regret, ils devaient refuser cette invitation car ils ne sortaient plus le soir. C'est ainsi qu'un matin de décembre, deux bénévoles vinrent me confier la tristesse de Madame Gagnon qui se désolait de passer toute seule la nuit de Noël. Son mari était mort quelques mois auparavant et elle n'avait nulle envie de se joindre à un groupe pour Noël. L'un des bénévoles eut alors une idée: pourquoi n'irions-nous pas la voir le 24 au soir avec des fleurs, des décorations, une nappe, de la dinde, du dessert, de la musique? Nous pourrions fêter avec elle!

Madame Gagnon fut enchantée de cette idée: pour la première fois de sa vie, on viendrait lui «livrer» une fête de Noël à domicile.

Ce fut en vérité, pour le joyeux trio, la plus belle fête de Noël de leur vie.

★

★   ★

Une autre activité devait mobiliser les petits frères chaque année: c'était la préparation des vacances d'été, attendues avec impatience par nos vieux amis. De mai à septembre, nous recevions dans les Laurentides, à Saint-Jovite d'abord, puis au Mont-Tremblant, une centaine de personnes, âgées de soixante-quinze à quatre-vingt-dix ans. Nous venions plusieurs jours au printemps, faire le grand ménage de la maison, préparer les activités. Il fallait aussi prévoir les chauffeurs bénévoles, lancer les invitations quelques semaines à l'avance. Ces semaines paraissaient bien longues pour nos invités, tant était grande leur crainte de tomber malade ou d'avoir un empêchement quelconque.

Le grand jour arrivait enfin. Nos invités se tenaient prêts des heures à l'avance afin de ne pas faire attendre leur chauffeur. En arrivant à Saint-Jovite, ils nous demandaient si Georges, Isabelle ou Sylvie seraient encore là cet été pour les accueillir. Les jeunes bénévoles étaient vraiment pour eux des petits-enfants, parfois bruyants et agités, toujours tendres et affectueux.

Je me souviens de l'été où Monsieur Saint-Laurent nous avait caché qu'il devait entrer à l'hôpital car il avait eu peur de ne pas en ressortir et de rater ses vacances. Il rayonnait de joie à l'idée de retrouver sa chambre, ses amis, son fauteuil habituel face au lac. Les vacances se passèrent sans encombre pour lui; il était toujours le premier à participer aux activités, à partir en promenade sur le lac, à aider à la vaisselle et le dernier à quitter le salon à la fin de la veillée.

Le dernier soir des vacances, il nous confia sa grande tristesse de retourner en ville dans sa petite chambre. L'aventure était terminée pour lui, il était convaincu de ne pouvoir être des nôtres l'année suivante...

Le lendemain, il avait préparé sa petite valise en bas, au salon. Peu avant qu'il ne parte, je reçus un coup de téléphone d'un bénévole m'avisant que sa vieille amie, malade, ne pourrait cette année venir en vacances.

Sans trop réfléchir, je courus vers Monsieur Saint-Laurent pour lui proposer de passer trois semaines de plus au bord de son lac. Il fut très ému et m'étreignit longuement. Le soir, fatigué, il nous demanda de se retirer plus tôt dans sa chambre.

Quand je montai pour lui dire bonsoir, il n'était déjà plus des nôtres.

★
★   ★

Mes premières années au Québec se sont ainsi déroulées sous le signe de l'affection et du partage sans éliminer toutefois les obstacles et les contraintes inhérentes à un type d'action que j'aimais: l'improvisation et le rêve y tenaient plus de place que la structure et les bilans. Plusieurs deuils marquèrent ces années; la mort de nos vieux amis, à l'hôpital ou plus rarement chez eux. Nous étions souvent les premiers qu'ils appelaient avant de nous quitter. Un des petits frères permanents nous quitta de façon brutale. Enthousiaste et chaleureux, il partageait avec nos vieux amis toute l'ardeur de ses vingt ans. Un matin d'octobre 1964, revenant en auto de Sainte-Marguerite-du-Lac-Masson où nous étions en train de fermer pour l'hiver notre première maison de vacances au Québec, il s'assoupit sans doute sur l'autoroute, ce qui lui fut fatal.

Cette fin tragique nous valut immédiatement l'affection de sa famille et de ses amis. Je me sentis entouré comme rarement je ne l'avais été.

Dans ma tristesse de voir disparaître un des premiers petits frères montréalais, l'affection des parents de Jean-Pierre me fut infiniment précieuse.

7

UN INTERLUDE

*U*n matin de mai 1965, je reçus un coup de téléphone d'un des responsables des petits frères de Paris: Armand avait décidé de fonder un autre organisme pour diffuser ailleurs l'esprit qu'il avait vécu chez nous. Il revenait d'un séjour en Inde et, ébranlé par ce qu'il y avait vu, il avait l'intention de mettre sur pied un nouveau mouvement. Il fallait donc constituer un conseil afin de réfléchir sur les conséquences de cette décision.

J'étais bouleversé. Armand s'en allait, le père nous quittait. Celui qui avait généré autour de lui un tel embrasement n'allait plus être avec nous. Qu'allions nous devenir? Il n'avait pas le droit de nous laisser en plan! Sans doute était-il usé ou même déçu des petits frères dont il attendait peut-être davantage.

Je ne comprenais pas, nous ne comprenions pas. Le départ d'Armand en insécurisa plusieurs et quelques petits frères décidèrent même de le suivre. Plus tard, je pensais à la décision du cardinal Léger qui, lui aussi, avait brusquement «abandonné» son diocèse de Montréal pour se consacrer à l'Afrique. Comment interpréter ces deux gestes? Sans doute y a-t-il eu chez ces deux hommes une très grande lassitude et une certaine désillusion de voir les choses évoluer autrement qu'ils ne l'auraient souhaité. Mais tous deux ont été confrontés aux immenses attentes du Tiers-Monde. À l'exemple d'Abraham, ils ont intuitivement et spontanément quitté leur demeure initiale pour se jeter dans l'inconnu.

Armand devait fonder le mouvement international Frères des Hommes qui œuvre aujourd'hui dans de nombreux pays du Tiers-monde. À la différence du cardinal Léger, il n'a jamais voulu que son nom soit associé à une quelconque fondation et son ego n'a jamais été conforté par une immense popularité. C'est à Calcutta, en 1964, qu'il a perçu le sens de son engagement nouveau. Il faut le laisser parler:

> Calcutta, Noël 1964, au mouroir de mère Teresa
>
> «Nous avons commencé par donner des roses. Beaucoup tendaient la main; d'autres avec leurs mains atrophiées tendaient leur moignon; d'autres les donnaient à d'autres qui ne pouvaient pas les saisir.... Je me suis baissé pour déposer un bouquet à côté d'une femme dont le corps était recroquevillé.
>
> Mère Teresa m'a dit: «Ce sont ses premières fleurs d'éternité, elle vient de mourir...»
>
> Tous ces bouquets illuminaient la salle et, à côté de ces pauvres squelettes, prenaient une majesté extraordinaire.
>
> Voici ce que fut ce premier Noël à Calcutta et

je crois que mon dernier regard sur la terre sera peut-être celui de la haie de roses rouges au milieu de ces corps.

Jamais je n'ai eu une impression divine pareille à celle donnée par ces fleurs qui devenaient l'encens dont le prêtre honore le Seigneur. Tous ces êtres étaient le Seigneur et les roses étaient l'encens...»

★

★ ★

Rappelé en France par les dirigeants de l'organisme, je me retrouvai donc à Paris, en mai 1965. Nous nous sentions orphelins mais nous savions que la vie continuerait. La décision d'Armand étant irrémédiable, nous nous réunîmes pour constituer un «directoire» de trois petits frères chargé d'effectuer la transition. À ma grande surprise, pour ne pas dire stupeur, on me demanda d'assumer, à Paris, la charge de responsable spirituel du mouvement. Avec le recul du temps, je me rends compte qu'il s'agissait là d'une mission invraisemblable. J'étais moi-même en pleine recherche spirituelle, n'étant pas certain d'avoir véritablement la foi. Collectivement, nous nous sentions très religieux, individuellement, c'était autre chose.

Et voilà qu'on me demandait de codiriger le mouvement des petits frères des Pauvres en France. Au moment où je commençais à faire corps avec la réalité québécoise, au moment où je me sentais utile et presque compétent, on me demandait de tout laisser et de revenir en France, pays que j'avais quitté cinq ans auparavant sans déplaisir aucun.

D'un point de vue rationnel, ces situations n'ont aucun sens. Mais nous ne vivions pas des événements rationnels. Le fondateur nous quittait, le mouvement, totalement identifié à ce père, n'avait plus de tête; nous ne savions plus où aller, nous percevions une certaine amertume chez Armand qui, néanmoins, continuait à brûler de ce feu intérieur qui allait embraser les quinze dernières années de sa vie.

En attendant, nous assistions au premier grand tournant des petits frères, le passage de la direction unique à la «cogestion», concept tout nouveau à l'époque. Nous nous sentions orphelins mais très près les uns des autres. On m'avait laissé entendre que mon rôle serait surtout de panser des plaies, d'assurer un lien entre les différentes personnes et de rencontrer régulièrement, en France et à l'étranger, les responsables de groupes de petits frères. C'est peut-être ce sentiment d'une nouvelle solidarité, joint à la conviction de ne jamais être seul dans mes fonctions qui m'a poussé à accepter cette fonction de responsable spirituel. Je ne me faisais pas grandes illusions sur ma capacité d'animer les petits frères, à la suite d'Armand Marquiset. Mais j'étais heureux de travailler avec des gens que j'aimais; eux aussi se trouvaient confrontés à des responsabilités qu'ils n'avaient jamais pensé devoir assumer. Nous étions tous dans le même bateau et chacun d'entre nous avait conscience de se sentir appuyé par l'autre face à des tâches souvent difficiles.

Et ces deux années en France ne furent pas en effet un long fleuve tranquille. Il fallut improviser de nouveaux types de relations avec des permanents et des bénévoles habitués à se référer à une seule personne, le fondateur. J'ai dû apprendre à faire face à des situations toujours changeantes, à improviser des ébauches de solutions sans être absolument certain qu'elles étaient les meilleures. Des personnes plus compétentes, plus décidées, plus efficaces travaillaient à mes côtés et j'avais parfois l'impression qu'elles me télécommandaient. On m'avait choisi non pas pour diriger mais pour assurer un intérim et faciliter une transition. Pourtant, je me surprenais peu à peu à reconnaître des talents qui m'avaient valu justement d'être choisi comme un médiateur, un stimulateur. De plus, l'amitié qui me liait aux dirigeants réels des petits frères et le sentiment constant de partager avec eux les hauts et les bas de cette aventure me permirent de mener à bien une mission dont les contours furent toujours changeants. Tantôt j'allais rencontrer en France et à l'étranger les différents groupes de petits frères qui commençaient à se développer, tantôt j'essayais de régler des problèmes d'ordre humain ou spirituel liés à une aventure passionnante mais souvent désordonnée. J'étais celui auquel on pouvait tout confier parce qu'il n'était pas en situation de pouvoir et prêtait l'oreille plus qu'il ne décidait.

Au cours de ces années, nous eûmes à nous préoccuper de l'orientation spirituelle du mouvement. Nous nous rendions alors compte que l'esprit des petits frères, celui des fleurs avant le pain, celui de l'affection chaleureuse et désordonnée, répondait aux attentes de personnes qui n'étaient pas nécessairement chrétiennes. De plus, les femmes qui ne pouvaient agir activement à titre bénévole ou permanent ne comprenaient guère l'aspect essentiellement masculin du mouvement. Face à cette évolution, les autorités romaines demeuraient rigides et nous semblaient davantage préoccupées par l'état de perfection de nos membres que par le sort des pauvres, des personnes âgées en particulier. Nous sentions confusément le besoin d'une ouverture à ceux et celles qui, au-delà de convictions précises, se préoccupaient avant tout du bonheur et de la dignité des plus pauvres. Nous prenions conscience de l'isolement de notre mouvement au sein d'une nation où la prospérité économique de cette époque laissait subsister de larges pans de misère, de solitude et de malheur.

En un mot, nous nous retirions dans un cocon confortable; le mouvement était bien connu et populaire auprès d'une opinion publique qui lui demeurait très fidèle. Nos finances étaient donc relativement prospères. En outre, forts de notre autonomie, c'est très timidement que nous commencions à collaborer régulièrement avec les autres organismes soucieux du bien-être des personnes âgées. Nous formions une entité autonome, active, dynamique même, mais encore étrangère à certains courants politiques et sociaux qui progressivement avaient pris corps pour se manifester bruyamment en mai 1968.

Ce fut un coup de tonnerre dans l'univers politique et social de la France. Les événements se précipitèrent à la cadence que l'on connaît. Au début, on assista à des manifestations étudiantes qui devaient conduire à l'occupation par la police de ce sanctuaire historico-intellectuel qu'est la Sorbonne. Puis, en quelques heures, des barricades surgirent, érigées par des jeunes gens ressemblant à nos ancêtres de 1830, 1848 ou 1871. Sauf qu'à cette époque, les étudiants insurgés payaient souvent leur audace de leur vie. Pour nous, le prix à payer, c'était quelques larmes et des étouffements dus aux gaz lacrymogènes.

Comme beaucoup de parisiens et de provinciaux, je vivais ces journées dans l'excitation et aussi, je dois l'avouer, dans la peur. Les arbres sciés, les pavés arrachés, les carcasses de voitures brûlées qui jonchaient la chaussée, les milliers d'étudiants au coude à coude face à des espèces de martiens casqués, bottés, munis de boucliers et de grenades lacrymogènes faisaient de Paris une ville assiégée.

Les événements, amplifiés par les millions de radios à transistors répercutant les commentaires passionnés des reporters, contribuaient à créer un climat d'explosion, de crainte, d'incertitude mais aussi d'excitation et de nouveauté. Dans la rue, entre inconnus, on se parlait, on s'échangeait les dernières nouvelles, on offrait une place dans son auto, faute de métro ou d'autobus en grève. On se réunissait spontanément dans la rue, à un carrefour achalandé, pour pouvoir «refaire le monde» et enterrer définitivement «ce vieil État sclérosé, dépassé, corrompu». On négociait ferme quelques litres d'essence, on allait en famille visiter une Sorbonne investie par les groupuscules les plus variés qui créaient des «happening» avant la lettre et affichaient sur les murs austères les slogans les plus originaux.

Je me souviens en particulier d'avoir lu une convocation à une assemblée, ainsi libellée: «Le mardi 26 mai à 13 heures, grande réunion des étudiants anarchistes. Présence de tous *obligatoire*...» Les anarchistes, eux aussi, devaient donc obéir au règlement...

Pendant ce temps le gouvernement prenait peur, se resaisissait, atermoyait, promettait, dissuadait, punissait et libérait... Et les mesures préconisées ne portaient aucun fruit, il ne pouvait en être autrement, tant était grand le décalage entre une situation explosive toute nouvelle et les mesures proposées qui ramenaient une révolution des esprits à une simple poussée de fièvre étudiante et ouvrière.

Sans trop réfléchir, nous absorbions en vrac tous ces

événements, vaguement conscients de l'importance de la situation, oscillant entre un besoin de nous exprimer, de discuter, de contester et l'espoir que «tout ne tarderait pas à se remettre en place»... Parfois je me sentais contestataire et enthousiaste, parfois j'espérais une intervention musclée du pouvoir qui renverrait les travailleurs dans leurs usines et les étudiants sur leurs campus. Un jour, je prenais conscience de la grande misère de beaucoup d'immigrés, j'allais «visiter» les bidonvilles de Nanterre, le lendemain, je me réjouissais banalement de la réouverture des pompes à essence qui allaient enfin nous permettre de prendre quelques vacances bien méritées à l'issue de ces journées enfiévrées.

Avec le recul du temps, loin de cette agitation fascinante et de ces moments fébriles de peur et d'espoir, j'entrevois ces belles journées ensoleillées de mai 1968 comme une sorte de révélation. Révélation de la crainte et de l'enthousiasme qui sommeillent en chacun de nous. Révélation de la condition, ordinairement méconnue, de tant de femmes et d'hommes qui n'ont pas leur place au soleil parce qu'ils sont Noirs, parce qu'ils ont le teint basané, parce qu'ils n'obéissent pas aux lois du système, parce qu'ils sont perdus dans les sombres dédales de la bureaucratie absurde et des règlements moyenâgeux.

Des grandes clameurs de mai, des flots torrentiels de paroles insensées ou percutantes, des immenses rassemblements, des espoirs fous de transformation des sociétés, du refus catégorique des anciennes élites pétrifiées, on pourrait croire qu'il n'en reste presque plus rien aujourd'hui. Les commentateurs sérieux et à la mode ont beau jeu de réduire ces événements à des manifestations et à des bris d'automobiles. Il n'en demeure pas moins que, pendant quelques jours, au-delà des discours-fleuve et du flonflon des proclamations «historiques», nous avons vu poindre l'espérance d'un monde plus juste et, en même temps, nous nous sentions solidaires des Tchèques et de leur Printemps. Nous avons perçu cet horizon fragile et tremblotant; nous pourrions en témoigner aujourd'hui. Nous avons été rassurés de voir la vie reprendre son cours normal, tout en gardant la nostalgie d'une certaine fraternité, de regards nouveaux sur les êtres, évalués à l'aune du cœur et non pas du statut social.

8

L'ENRACINEMENT

*M*on intermède français devait s'achever sur cette tombée de rideau de juin 1968: nouveaux enjeux, nouveau départ, nouvelle séparation. Ainsi va l'existence. De retour au Québec, je me retrouvai très vite dans mon élément, proche de ceux et celles que j'aimais, que ce soit de jeunes bénévoles ou de vieux amis. Emportant avec moi le souvenir de Mai 68, je souffrais de ne pouvoir réellement partager ici, au Québec, mes espérances et mes craintes. Mes interlocuteurs me racontaient Expo 67, moi j'essayais d'évoquer avec eux les espoirs de Mai 1968. Nous ne parlions visiblement pas la même langue. Quand on me racontait les grandes retrouvailles du Québec avec l'univers, je pensais encore aux exclus et aux démunis qui, au-delà des rues dépavées, avaient cru percevoir les signes d'une société nouvelle. Il me fallait prendre le temps de redevenir québécois.

Ce n'était pas là chose aisée car quiconque se partage entre deux pays également aimés mais, à certains points de vue, aux antipodes l'un de l'autre, peut éprouver toute sa vie le sentiment de ne jamais se sentir tout à fait chez lui

là où il se trouve. C'est le lot de tous ceux qui se sentent
appelés à dépasser leurs frontières. L'étonnant privilège d'appartenir à deux cultures, de bénéficier ainsi en permanence
d'un certain recul face aux événements et aux gens, se butte
à l'inconvénient majeur de nous obliger à nous asseoir entre
deux chaises: je ne serai jamais complètement québécois pas
plus que je ne me sens aujourd'hui complètement français et
il me faudra toujours vivre avec cette dualité.

Heureusement, le Québec de la fin des années 1960
offrait à qui voulait bien les saisir des possibilités passionnantes. Tout continuait à craquer tranquillement et à se transformer dans la belle province. Je me souviens de cette époque comme d'un temps de ferveur où se brassaient les
grands idéaux de la Révolution tranquille. Mais les résultats
n'apparaissaient pas tout à fait à la hauteur. On voulait aller
très vite, sans doute pour rattraper le temps perdu.

Par souci d'assurer l'universalité et la gratuité des soins
et des services sociaux à une population qui avait trop longtemps payé très cher pour les obtenir, on a évacué les vieilles et traditionnelles structures sociales et communautaires,
sans suffisamment prendre le temps d'en analyser les avantages. On a obtenu l'école gratuite mais aussi des écoles
secondaires de taille démesurée. On s'est mis à parler et à
penser en termes de coût et de rentabilité, d'organigram-
mes et de centralisation, au détriment des sensibilités qui
n'étaient pas prêtes à de tels bouleversements.

Je me rappelle en particulier du chagrin qu'ont eu tant
de personnes âgées en apprenant par les journaux qu'on
allait démolir leur vieille église paroissiale, même si on leur
contruisait un beau centre communautaire tout neuf. La
plupart d'entre elles ne se sentaient pas associées à ce grand

mouvement de recyclage des pensées et des structures. Un peu comme en France après la guerre, à la libération, on mettait systématiquement l'accent sur la jeunesse. Les vieux sentaient confusément qu'ils avaient fait leur temps.

On leur offrait de beaux centres d'accueil, non loin de l'église et de la caisse populaire. Ils avaient là leur chapelle mais ils n'avaient plus grand-chose à faire sur le perron de l'église.

Bien des aspects de ces transformations ont fait l'objet de critiques amplement justifiées. Il faut cependant se remettre dans l'esprit d'une époque où l'on ne pouvait se permettre de nuancer outre mesure. Le Québec revenait de très loin et le retard à combler était immense. Quand la marmite est sur le point d'exploser, il ne faut pas demander au couvercle la permission de se soulever. Parallèlement à ce mouvement d'émancipation du Québec, d'autres nations s'affranchissaient d'un certain joug colonial et apparaissaient à la face du monde. Elles aussi auraient pu s'y prendre avec plus de modération et même éviter les bains de sang mais la vitesse et la force de leur trajectoire étaient liées à leur état antérieur de soumission politique et sociale.

C'est dans ce contexte qu'apparut, en 1968, le premier grand regroupement politique des nationalistes québécois. Je me souviens, comme si c'était hier, de l'enthousiasme qui entoura la fondation du Parti québécois. Personnellement, je m'associais à cette nouvelle espérance pour une raison fort simple: le Québec, me semblait-il, possédait toutes les caractéristiques d'une «vraie» nation. Au moment où l'on fêtait la venue au monde de tant de pays africains ou asiatiques, pourquoi bouder le désir du Québec d'avoir sa place dans le concert des nations?

Aujourd'hui, le contexte est profondément différent mais les enjeux persistent. La question du Québec reste entière, nous avons encore le choix de décider de son avenir.

★

★   ★

Ce climat de transformations politiques et sociales ne m'empêchait pas de travailler au développement des petits frères à Montréal et, de plus en plus, à la promotion des personnes âgées. Une des caractéristiques de cette époque a été la participation des jeunes à notre travail. Je garde un souvenir très vivant de fréquents passages dans les polyvalentes et les cégeps où, à l'invitation d'animateurs et de professeurs, nous venions parler des aînés et solliciter également la participation des élèves. Certains ont répondu avec enthousiasme à nos demandes. Leur premier séjour rue Garnier fut, pour beaucoup, une révélation: on leur confiait immédiatement des responsabilités, on leur demandait leur avis, on les mettait en contact avec des personnes qui les accueillaient souvent comme leurs petits-enfants. Christiane, âgée aujourd'hui de quarante ans, évoque avec chaleur son travail chez les petits frères: «C'était pour nous une famille mais très différente de la nôtre. Je sentais qu'on me faisait confiance, ce qui était loin d'être toujours le cas chez nous. Rue Garnier, j'ai peu à peu pris conscience de mon importance, de ma valeur. Les personnes âgées m'ont beaucoup appris. À leur contact, je me sentais une fille heureuse, sûre d'être aimée, pleine de vie et de fantaisie. C'était pour moi et les autres de l'école de vraies vacances quand nous arrivions rue

Garnier. Nous n'avions pas seulement l'impression d'aider mais nous sentions que les petits frères c'était notre affaire. Comme nos études ne nous intéressaient pas tellement, nous nous jetions à corps perdu dans cette aventure et, pour ma part, je ne regrette rien.»

Aujourd'hui dans la quarantaine, ces hommes et ces femmes se souviennent de leur passage rue Garnier, des réunions souvent mouvementées mais toujours vivantes, des fêtes qu'ils préparaient avec beaucoup d'entrain, de leurs visites chez leurs vieux amis, comme l'un des temps les plus forts de leur existence.

Nous avions conscience, en associant les jeunes à notre action en faveur des aînés, d'agir sur deux fronts: l'aide aux personnes âgées mais aussi l'accueil de jeunes, plus ou moins en recherche d'un absolu qu'ils ne trouvaient guère dans leur milieu, que celui ci soit modeste ou privilégié. Ainsi, nous avons contribué à établir des liens de chaleur humaine et d'amitié qui devaient durer. C'est d'ailleurs ce qui me plaisait le plus chez les petits frères à cette époque: un climat familial où on ne savait plus très bien qui était vieux, qui était jeune, qui avait besoin d'aide, qui pouvait en donner...

Tout n'était cependant pas facile rue Garnier. Nous nous efforcions d'apporter aux personnes âgées un peu de cette affection qui leur manquait tellement et qu'ils nous rendaient si bien, (peut-être pas au centuple mais presque). Il nous fallait faire face aux problèmes des jeunes qui venaient nous aider. Nous étions un peu leur famille avec les avantages mais aussi les inconvénients qui s'y rattachent: les inévitables conflits à régler, une discipline à assurer parfois, les longues heures à écouter des confidences, des attitudes à corriger, des préjugés à combattre. Il m'arrivait de penser que les problèmes émanaient davantage des jeunes que des personnes âgées et de me demander pour qui nous devions travailler: ces dernières ou bien les adolescents? Il s'agissait en fait d'une fausse question: jeunes et vieux se ressemblent et se rassemblent dans leurs besoins de chaleur humaine, d'écoute et d'affection. L'âge n'a guère d'importance. Seules comptent la confiance et l'amitié apportées aux uns et aux autres.

Certains jeunes nous contestaient allègrement, particulièrement au début des années 1970. Ils étaient tout autant attachés à leurs convictions sociales et politiques qu'aux aînés, victimes, selon eux, d'un système oppressif qu'il convenait d'abattre. Ce discours s'ancrait dans le contexte bien particulier de la société québécoise où le social et le communautaire étaient presque obligatoirement de nature politique.

Nous vivions une époque où, aux yeux de beaucoup, le collectif l'emportait sur l'individuel, le politique sur le social. Je me souviens fort bien de discussions mouvementées car, aux yeux de certains, le contact individuel avec les personnes âgées relevait d'une mentalité «dame patronesse». Nous avions comme bénévoles des jeunes membres de la Société des jeunes canadiens, authentiquement attachés à la cause que nous servions mais préoccupés avant tout par la promotion politique du troisième âge. En observant le comportement de bien des personnes qui gravitaient autour des petits frères, je me rendais compte qu'elles avaient souvent tendance, consciemment ou non, à utiliser les personnes âgées pour justifier des combats politiques. Comme nous mettions l'accent avant tout sur l'attention individuelle à la personne considérée comme unique et irremplaçable, nous étions facilement taxés de paternalisme rétrograde. Il m'est arrivé à plusieurs reprises de prendre position en dénonçant un type de société qui engendre la pauvreté et l'isolement des vieillards. J'affirmais cependant ne pas pouvoir admettre que ces derniers soient utilisés par des idéologues très efficaces au niveau du discours mais peu présents dans l'action quotidienne individuelle.

De telles prises de position n'étaient pas toujours populaires, mais je ne les regrette pas. Nous étions nombreux à nous élever contre la politisation abusive des enjeux et des êtres humains. Je pense en particulier aux religieuses du Bon Conseil ou aux petites sœurs de l'Assomption qui œuvraient quotidiennement auprès des immigrants et des démunis. S'élevant contre la brutalité du temps et l'irresponsabilité de plusieurs élus, elles n'en demeuraient pas moins les amies discrètes et chaleureuses des personnes les plus pauvres. Il en allait de même des petites sœurs de Jésus qui partageaient la condition des travailleurs et en vivaient tous les jours les injustices.

Dans la grande vague gauchiste de la fin des années 1960, il ne fallait pas que les personnes les plus isolées et défavorisées soient emportées comme fétus de paille. La gauche québécoise a soulevé bien des espoirs et a contribué à mettre fin à beaucoup d'injustices, mais, trop souvent, elle s'est laissée déborder par ses extrêmes qui érigeaient facilement la violence en doctrine. Cela explique peut-être le drame d'Octobre 1970 où les enjeux les plus purs ont été discrédités par la violence à laquelle ont répondu, sans nuances, les forces de l'ordre, aveugles par nature. Justifier des «mesures de guerre», des vexations et des arrestations arbitraires par un souci de maintenir l'ordre ou de combattre l'anarchie constitue en soi une autre forme de violence.

★

★ ★

En pensant à cette période charnière du début des années 1970, je ne peux m'empêcher de reproduire cette lettre que j'avais fait parvenir au quotidien *Le Devoir*, le 24 décembre 1971. La lettre était intitulée: *L'enfance n'est pas finie.*

Il n'y a peut-être plus de contes de Noël mais il y a certainement une réalité de Noël. Les gens, même s'ils sont étouffés par une débauche de publicité au mauvais goût agressif, sont authentiquement généreux. Ils redécouvrent en eux la petite fille ou le petit garçon émerveillé par les boules scintillantes et par les guirlandes. Certes les gens s'écrasent dans les magasins et sont souvent bernés par l'aspect commercial de cette publicité. Mais ils savent se priver, ils savent donner de bon cœur avec une joie véritable, cette joie qu'on exprime mal mais que l'on ressent réellement.

Cette joie sereine de l'enfant émerveillé, des milliers de Montréalais l'ont vécue depuis un mois en nous déléguant auprès de personnes âgées. Des milliers de gestes ont souvent la spontanéité et la poésie du conte de Noël mais ils reflètent en plus un sentiment d'affection authentique envers les personnes âgées.

Et je me suis surpris à rêver l'autre soir, en écoutant *Le cabaret du soir qui penche*... J'ai rêvé que tout le monde s'était laissé prendre à cette spontanéité du soir de Noël, à ce souci de partager un peu de bonheur. J'ai rêvé que nos hommes politiques s'étaient réveillés et avaient retrouvé le petit enfant qui se mourait en eux. J'ai rêvé que notre maire avait décrété qu'il n'était pas humain de faire payer aux personnes âgées le plein tarif pour les billets d'autobus. Un peu naïvement sans doute, je me suis dit: si des milliers de Montréalais ont accompli des gestes parfois bouleversants, est-il si difficile pour l'un d'entre eux d'écouter son cœur? J'ai vu en mon rêve le maire suivre la vieille dame chargée de paquets, qui fouillait dans son sac pour trouver son billet. J'ai pensé qu'il avait compris, lui qui est si intelligent.

J'ai vu en rêve des milliers de policiers qui déposaient des cartes de vœux sur les pare-brise des voitures mal stationnées. J'ai vu les grands magasins fermer leurs portes trois jours avant Noël pour donner un peu de repos à leurs employés. J'ai imaginé les compagnies de finances renoncer pour quelques jours à leur douteux trafic. J'ai vu des automobilistes accueillir en souriant des piétons qui attendaient l'autobus.

J'aurais voulu que ce rêve continue car je découvrais des accents de tendresse et d'humanité insoupçonnables chez des gens qui font profession d'ignorer l'humain ou qui, par éducation ou culture, n'ont jamais connu la pauvreté.

Puis le rêve s'est effrangé, les fils s'en sont détachés les uns après les autres. Un message commercial stupide est venu dissiper brutalement ces quelques heures d'émerveillement.

Si le rêve est mort, la réalité de Noël continue. Nous savons que nous pourrons la vivre tout au long de l'année. L'enfance n'est pas finie. Il faut que nous restions des enfants et si, par malheur, nous redevenons des adultes, alors là, réellement, nous serons vieux.

Étrange conclusion où j'affirmais, en 1971, que si nous cessions d'avoir l'esprit d'enfance, nous devenions des vieux. Très flatteur pour ceux et celles dont j'étais censé me faire le défenseur...

L'habitude d'envoyer assez régulièrement des commentaires aux journaux traduisait chez moi un goût d'écrire, de partager avec les lecteurs des convictions et des émotions. Témoin des joies et des souffrances des gens âgés qu'il m'était quotidiennement donné de côtoyer, je me sentais tout à fait privilégié de posséder toute cette richesse humaine mais également très frustré de ne pouvoir la partager avec des proches qui étaient bien loin... Le fait de ne pas avoir de famille au Québec à qui communiquer ce que je ressentais m'a peut-être incité à diffuser sur la place publique les aspects les plus vivants de l'aventure humaine des petits frères.

★
★ ★

En 1972, les petits frères fêtent leur dixième anniversaire en terre québécoise. Leurs vieux amis sont conviés à un grand repas de famille dans un hôtel de Montréal et le public est invité à assister à une exposition relatant le travail accompli et présentant certaines facettes de la condition des personnes âgées. Dix ans d'action qui demeurent dans mon esprit comme une période active et féconde: nos activités allaient bon train et, de plus, nous avions pu acquérir une belle maison de vacances située à Saint-Jovite, au bord du lac Maskinongé. Des personnes âgées venaient régulièrement faire de l'artisanat rue Garnier. Quant aux finances de l'organisme, elles s'équilibraient, grâce à la générosité des donateurs québécois qui, progressivement, avaient pris le relais des souscripteurs français.

Plus important encore, nous commencions à regarder autour de nous et à prendre position face à la condition difficile des aînés. Ces derniers faisaient les frais d'une société dont seuls les membres productifs s'enrichissaient, les autres recueillant les miettes. Peu de voix s'élevaient pour dénoncer l'insuffisance des pensions de vieillesse, la spéculation immobilière qui chassait les personnes âgées de leurs quartiers traditionnels ou encore l'absence d'une réelle politique du troisième âge. Nous multipliions les prises de position, les articles dans les journaux, les conférences de presse. Il y avait sans doute un aspect «don Quichotte», naïf dans ces comportements revendicateurs; nous avons remué du vent mais aussi des idées et sans aucun doute avons-nous contribué à faire évoluer les esprits face à la condition des aînés.

Personnellement, je prenais une part active à ces initiatives, partageant mon temps entre mes responsabilités rue Garnier et les activités de promotion des personnes âgées. Les journées étaient donc bien remplies, à un point tel qu'il m'était pratiquement impossible de songer à d'autres horizons que ceux du troisième âge. Je prenais peu à peu conscience de ne pas nourrir d'intérêts précis en dehors de l'univers des petits frères: pas de loisirs, pas de sports, pas de vie sociale, pas de femme, peu ou pas d'amis. Une vie de réclusion, de travail intense, éludant tout questionnement sur ma vie personnelle. Somme toute une existence incomplète, celle d'un homme intouchable, incontestable. Qui, en effet, aurait pu avoir la prétention, voire l'odieux de critiquer ou de contester quelqu'un qui s'occupait si bien des personnes âgées, qui faisait la quasi-unanimité autour de lui dans son travail de petit frère des Pauvres?

Je n'étais pas véritablement conscient de cette stagnation personnelle, de cet isolement affectif, ce qui, paradoxalement, ne m'empêchait pas de mener une existence fondée sur la tendresse et la chaleur humaine. J'interprète aujourd'hui les quelques initiatives personnelles de cette époque comme une volonté de prendre l'air, de rencontrer d'autres personnes et de participer à de nouvelles activités.

Je pense en particulier à la lutte pour la diminution des tarifs de transports en commun pour les aînés. Nous étions conscients qu'il s'agissait là d'une question vitale car, aux yeux d'un très grand nombre de retraités, se déplacer c'est tisser des liens avec leurs pairs, leurs amis ou leurs enfants, c'est sortir de l'isolement. Montréal, en 1975, demeurait une des dernières métropoles à refuser à ses aînés des tarifs préférentiels et le maire s'obstinait curieusement à maintenir un statu quo rétrograde. Cet homme devant lequel rien ni personne ne résistait ne semblait pas comprendre la condition difficile de tant d'aînés pour lesquels un billet de métro ou d'autobus représentait une dépense non négligeable. Nous avions constitué un groupe de pression à cet effet et je me souviens qu'un matin, le maire nous reçut pour nous signifier sèchement que cette question était du ressort de

Québec et non du sien, comme s'il avait déjà attendu le feu vert d'une autorité quelconque pour faire avancer et réaliser ses projets.

Cet accueil plutôt froid qui, je dois dire, ne nous a guère surpris, ne nous empêcha pas, en collaboration avec le Rassemblement des citoyens et citoyennes de Montréal, alors dans l'opposition et donc imaginatif et convaincu, d'organiser des pétitions, des marches, des assemblées auxquelles beaucoup d'aînés participèrent avec enthousiasme. Nous demandions la gratuité des transports, perçus comme un service essentiel au même titre que la police ou les pompiers, qui eux sont gratuits. Nous avons obtenu une demivictoire, les tarifs proposés étant relativement avantageux.

★

★   ★

Sans pouvoir la définir de façon très précise, j'éprouvais une certaine soif de vie spirituelle. Il ne me serait jamais venu à l'esprit de m'impliquer dans ma paroisse car l'esprit communautaire m'y semblait peu développé. Certes, les activités possibles étaient variées, mais, chez les petits frères, des activités, ce n'était pas ce qui me manquait! Là n'était pas la question: je souhaitais plutôt m'intégrer dans un groupe de chrétiens soucieux d'un certain partage et d'une prise en charge mutuelle. Je voulais m'associer à des femmes et à des hommes d'horizons différents, qui pourraient me considérer comme l'un des leurs et non pas comme le fondateur des petits frères des Pauvres à qui on s'adresse presque systématiquement quand on a un problème de personne âgée à régler...

L'occasion me fut bientôt donnée de réaliser mon souhait. Ce fut à l'occasion de la sortie d'un film de l'Office national du film, *Tranquillement pas vite*, qui portait sur les transformations de l'Église au Québec et sur les remous suscités par les bouleversements religieux récents. On y assistait notamment à la démolition de certaines églises et l'on relatait les réactions les plus diverses d'une population surprise par l'ampleur de cet ouragan. La deuxième partie du film présentait les grands moments d'une communauté chrétienne de base, associée de très près à la réalisation du film. Son réalisateur, Guy L. Coté, qui devait devenir un ami, faisait d'ailleurs partie de cette communauté.

Ce film-choc eut à l'époque un certain retentissement. Ce qui cependant devait me frapper le plus fut surtout le climat de fraternité et d'authenticité qui se dégageait de ce groupe. Spontanément, j'eus envie d'en faire partie et ce fut rapidement chose faite. Très vite, je trouvai là des amis, une famille, des enfants, une occasion de partage lors des rencontres du dimanche soir où, tantôt chez l'un, tantôt chez l'autre, nous participions à une célébration eucharistique suivie d'échanges et de discussions. Nous nous situions en marge de l'Église officielle, dans le sillage des communautés de base qui se développaient au Québec. Leurs membres souhaitaient vivre une existence plus fraternelle, plus authentiquement chrétienne, en réaction contre l'individualisme et l'isolement ambiant.

Je me sentis très vite adopté par ce groupe même si je me voyais débarquer d'un lointain continent où il n'était jamais question d'éducation, de soucis financiers, de problèmes familiaux ou de tracas quotidiens. Au contact des femmes et des hommes de la communauté, je commençais à crever la bulle qui m'avait jusqu'à présent maintenu en atmosphère contrôlée, à l'écart de la vie ordinaire. Je me découvrais de nouveaux intérêts, m'inscrivais à des cours d'histoire à l'Université de Montréal, à l'institut Goethe pour entretenir mes connaissances en allemand. Puis j'achetai une auto et me louai un appartement assez vaste pour pouvoir éventuellement y recevoir des amis.

Ainsi, au-delà du personnage voué à la défense et à la promotion des personnes âgées, émergeait l'homme en quête d'une nouvelle identité et de nouveaux défis.

Cette trajectoire était celle de plusieurs petits frères qui, tout en poursuivant leur idéal de don d'eux-mêmes aux plus démunis, n'écartaient pas l'idée de prendre des distances, de remettre en question certains comportements et éventuellement de fonder un foyer et d'avoir des enfants. C'était à l'époque, au début des années 1970, une perspective très nouvelle qui suscita de nombreuses réactions et divisa profondément les petits frères. Les uns y voyaient la fin du mouvement tel qu'il avait été conçu par le fondateur; on ne peut à la fois se conscacrer à Dieu et aux Pauvres et fonder une famille. Il faut choisir. Les autres y percevaient une évolution normale, en harmonie avec des avenues nouvelles dans une Église en complète transformation. Certains passèrent outre aux réactions possibles et décidèrent de se marier, tout en continuant à vivre et à travailler au service des personnes âgées. Ce fut le cas aux États-Unis où la distance et l'autonomie relative des petits frères américains firent que les choses se passèrent en douceur. Les dissidents furent critiqués mais non point exclus. Le précédent américain devait s'étendre en Europe puis, par effet de boomerang, gagner le Québec.

Personnellement, je me sentais très proche de tous ceux qui commençaient à bouger au sein du mouvement. Nous nous connaissions tous; les joies ou les souffrances des uns ne pouvaient qu'affecter les autres. Je voyais dans la possibilité qu'avaient maintenant les petits frères de se marier l'occasion d'accueillir au sein de l'organisme des hommes qui, jusque-là, ne pouvaient être permanents chez nous parce qu'ils avaient fondé une famille ou pensaient le faire.

Ne liant plus moi-même l'état de petit frère à celui de célibataire, je me sentais libre de mon avenir personnel.

Cet avenir, pourtant, j'étais loin de le percevoir clairement. En 1973, à trente-neuf ans, je prenais conscience d'une réalité qui devait beaucoup m'impressionner: selon les statistiques, j'avais atteint exactement la moitié de mon existence. Au moment où mes frères et ma sœur mettaient au monde leurs premiers enfants, je me trouvais seul, loin des miens, loin des champs, des forêts et des étangs de mon enfance. Les lettres reçues me relatant les mariages, les fêtes de famille, les déplacements des uns et des autres ne faisaient qu'aviver un sentiment d'éloignement qui me pesait assurément. Aucun de mes proches ne s'était décidé à franchir l'Atlantique, chacun étant probablement trop occupé par ses propres affaires pour rendre visite au frère ou au fils devenu québécois. Il n'avait pas fondé de famille et suivait, semble-t-il, une voie tout à fait honorable. Seul mon père, à mi-mots, me faisait connaître dans ses lettres son inquiétude de me voir vieillir seul.

Au cours de mes voyages en France, je renonçais peu à peu à conter en détail ce que je vivais. Je percevais certes de l'intérêt à mon endroit et beaucoup d'affection, mais on s'intéressait davantage aux particularités de mon existence à

Montréal qu'à mes questionnements et à mes inquiétudes. Les souvenirs et les bibelots que j'apportais aux miens leur étaient suffisants pour maintenir les liens. Il est vrai qu'à plus de six mille kilomètres, on est porté peu à peu à se passer les uns des autres ou du moins à se contenter de lettres gentilles et de visites agréables. De téléphones, il n'était pas question; cet instrument bien commode était encore réservé dans nos bonnes familles à l'annonce de nouvelles exceptionnelles. Il aurait été pour le moins incongru que je me permette de livrer au bout du fil quelque émotion que ce soit, nostalgique ou chaleureuse.

Je me détachais donc insensiblement d'une famille dont aucun signe, aucun meuble, bibelot ou objet d'art ne pouvait me rappeler la présence. Au cœur de la froidure québécoise, quand les grands vents, les tempêtes et les hivers qui n'en finissaient pas de finir m'amenaient à me demander pourquoi je n'étais pas resté parmi les miens, je reconstituais le monde enfantin de mes promenades dans les propriétés familiales. Je me remémorais mon arrivée en vacances à Antibes, sur la Côte d'Azur: la nuit était douce, le train glissait le long de la mer et, accoudé à la fenêtre du wagon, j'assistais à la décomposition de la lune qui semblait se délayer dans les sombres clapotis d'une mer d'encre.

C'était une façon comme une autre d'oublier pour un temps la rigueur de l'hiver et la nostalgie de l'éloignement. Mais cet éloignement, je l'avais choisi, je ne le remettais plus en question; trop d'attaches me maintenaient désormais au Québec. J'étais prêt à construire un avenir qui soit soumis autant à mes propres décisions qu'à des circonstances dont il me faudrait tirer partie.

9

UN NOUVEAU CAP

*A*u début de 1994, entouré de Claire, ma femme, de Catherine et Anne, mes deux filles, et d'amis très chers, je vécus un moment précieux de mon existence: on fêtait ma soixantaine. Soirée exceptionnelle de chaleur et de tendresse, précédée de longues semaines de complicité affective. Ce n'étaient que chuchotements discrets, préparatifs clandestins et affectueux, interdiction de regarder dans tel placard, refus de me révéler ne serait-ce qu'un indice de ce qui se tramait. J'essayais en vain d'imaginer le déroulement de cette fête et en pensant à ceux et celles qui seraient là le 22 janvier, je décidai de leur écrire ce que je ressentais:

> Je voudrais vous dire ce qui me hante: ce sont des chiffres.
>
> D'abord trente... trente ans, c'était il y a trente ans, j'avais trente ans. C'était en 1964. Je ne m'en souviens absolument pas. Trop occupé sans doute à donner aux autres pour me donner véritablement

quelque chose. Donner c'était alors pour moi un geste de survie: entre autres résultats, m'imprégner agréablement du parfum subtil de la reconnaissance.

Trente ans, c'était un autre monde, que dis-je, une autre planète, à des années-lumière de cette soirée qui nous réunit. Une planète bulle, une planète serre, où je me sentais bien, protégé, populaire, loin des miens. C'est fou à cette époque comme la distance pouvait me faire de bien!

Quarante ans, la serre s'entrouvrait: l'horizon était plus que lumineux, il était «Claire»... Pourtant cet horizon n'était pas vraiment dégagé, il ne l'est pas non plus totalement aujourd'hui, mais nous sommes plusieurs à le contempler, alors on se rassemble, on se réchauffe, comme ce soir, au mitan de ce mois de janvier glacial mais tropical quant à la chaleur humaine qu'il dégage.

Cinquante ans. La serre a volé en éclat, avec mon image d'antan. Je me trouvais exposé au vent glacial mais revivifiant d'une aventure à expérimenter: être moi-même, soutenu par ceux qui m'aimaient, mais seul pour explorer des territoires qui m'étaient bien inconnus et pas toujours hospitaliers.

Soixante ans, ce soir au milieu de vous, je voudrais simplement vous dire ce que je ressens. Je me sens prêt à de grandes choses. On n'est jamais prêt, mais je le suis un peu et comme je le dis souvent autour de moi, je n'ai pas grand-chose à perdre et beaucoup à gagner. Si je fais un rapide calcul, il est possible que j'aie moins d'années à vivre devant moi que derrière. Mais je compte bien qu'elles soient pleines, ces années, comme de bonnes mesures de belle farine, bien tassée, qui coule agréablement entre les doigts. Ce seront des années-tendresse, des années-découvertes, des années d'expériences, mais des expériences qui sont devant moi, plus encore que derrière.

Des années-folie aussi. C'est peut-être ça la sagesse... Ce soir, je ne vous dirai pas que je me sens jeune. Ce n'est pas vrai. Je me sens tout simplement heureux. Pourquoi ne pourrait-on pas se sentir heureux sans qu'obligatoirement on ait à rajouter qu'on se sent jeune? Quand est-ce qu'un jour, on cessera de classer les êtres selon leur âge, pour les regrouper selon leur aptitude à se sentir heureux et à rendre les autres heureux?

Je me sens de mon âge et je trouve qu'il est beau; je me sens invincible à force d'être aimé.

Ce soir vous me faites vivre un des événements majeurs qui jalonnent le cours d'une vie, un de ces événements-lumière qui ne cessera jamais d'éclairer ma route. J'aurai, quoi qu'il arrive, une étincelle de vous au cœur et je vous en sais gré.

C'est une soirée cadeau que je passe avec vous.

J'ai le sentiment de faire maintenant partie du club de ceux et celles qu'on appelle les aînés. Je ne suis pas sûr que cela me réjouisse, pas plus que cela ne m'attriste. Les aînés existent pour les statistiques, pour les programmes de télévision, pour les cours de gérontologie, mais, au fond, ce n'est pas très important de les regrouper, de les classer, de les identifier.

Je suis très heureux d'avoir soixante ans car, je me souviens, à trente ans, on me disait: «Tu dis de belles choses sur le vieillissement mais tu es jeune. Tu verras, plus tard, à soixante ans, tu verras!»

J'ai soixante ans, mais je ne vois rien de ce qu'ils voulaient que je voie. Je vois seulement que j'ai l'avenir devant moi pour mordre à belles dents dans une existence où la lumière de ce soir clignotera sans cesse.

Merci pour cette lumière, merci Claire, Catherine, Anne, merci à vous tous.

Cette fête de la soixantaine, ce concentré de bonheur et d'affection m'ont amené à jeter un regard rétrospectif sur le passé. J'ai amassé beaucoup de matériaux, certains me semblent inutiles et encombrants, mais d'autres sont certainement plus précieux. Je pense à des richesses acquises non sans erreurs ni souffrances, comme les joies et peines de la vie de famille, les servitudes et la liberté du travail à la pige, le plaisir intense de la création, les errements de mon itinéraire d'homme. Je songe également aux épreuves et aux échecs qui m'ont sans doute valu un surcroît de force et d'espérance.

★
★　★

«Je me sens de mon âge et je trouve qu'il est beau, je me sens invincible à force d'être aimé...»

Ce constat de la soixantaine, c'est avant tout la réalité quotidienne de ma famille qui m'a permis de le dresser. Non pas que tout dans la famille ait été facile: nous avons vécu des deuils, nous avons pleuré et nous avons ri, nous nous sommes inquiétés, nous avons connu des soucis financiers, nous avons fêté, mais surtout, nous avons eu la chance de continuer à nous aimer. De façon souvent malhabile et parfois hésitante, nous avons tenté, Claire et moi, de vivre au quotidien ce qui nous animait quand nous nous sommes rencontrés.

Cette fête m'a permis de faire un autre constat, celui de prendre conscience que des êtres que nous avions mis au monde puis élevés possédaient maintenant leurs propres valeurs, leurs propres perceptions qui ne nous appartenaient d'aucune façon. En cette soirée du 22 janvier, Catherine et Anne se sont exprimées et se sont situées par rapport à moi, chacune à leur manière, selon leur sensibilité propre.

Il m'a semblé revivre très intensément en ces quelques heures toute l'affection et la chaleur des années passées et je me suis rappelé un certain texte écrit à l'occasion du baptême de Catherine où j'avais tenté d'exprimer ce que nous souhaitions pour elle:

Catherine, puisses-tu demeurer à la fois lucide et confiante, ouverte à tous et fermée au mal, à la routine, à la médiocrité qui signifie «juste milieu».

Puisses-tu demeurer sage et prudente et pouvoir pourtant t'aventurer dans les folies qui déroutent les uns, scandalisent les autres, mais iront droit au cœur des petits, des humbles, des enfants comme toi.

Ainsi, tu conserveras en toi des trésors d'invention, de fraîcheur, tout au long des années qui, de ton enfance, te mèneront jusqu'à la jeunesse de tes vieux jours.

Puisses-tu ne jamais trop planifier, trop prévoir, trop posséder, trop diriger, puisses-tu devenir une adulte mûre et réfléchie, mais sans ne jamais devenir une «grande personne».

Je suis convaincu qu'avec tes parents, tes amis, tu sauras conserver un petit cœur toujours neuf, un petit cœur toujours innocent, immense pourtant, qui ne vieillira jamais ou plutôt qui vieillira bien...

Je me rends compte aujourd'hui que ces vœux, prononcés alors sur son berceau, exprimaient tout ce que je souhaitais vivre. En partageant avec elle mes rêves et mes projets, je me sentais plus fort et plus convaincu. Pour la première fois, je pouvais espérer que se perpétuent, à travers Catherine puis à travers Anne, des valeurs et des comportements auxquels j'attache un grand prix.

Parmi ces valeurs, il en est une qui demeurera toujours présente à mon esprit: l'enfance.

On a tellement écrit sur l'enfance qu'on peut se demander ce qui reste à y découvrir. Des préceptes de l'Évangile aux livres de psychologie populaire, en passant par les confessions des écrivains, des cinéastes et des poètes, aucun sujet ne semble avoir été aussi largement abordé.

Alors pourquoi vouloir répéter ce que d'autres ont tant exprimé?

Mais faut-il vraiment se poser la question?

Peut-être qu'en chacun de nous, l'enfance, principe initial et moteur de l'existence, nous marque en profondeur au point d'être la seule référence possible à nos errances interminables.

Personnellement, je me suis toujours senti particulièrement à l'aise avec les êtres très jeunes et les êtres très vieux.

Les premiers n'avaient pas encore abordé l'état de grande personne, les seconds s'en étaient liberés. Les uns et les autres sont aujourd'hui de précieux guides à travers les méandres inhospitaliers de l'âge adulte.

Aujourd'hui, je ne me réfère pas à mon enfance comme à un passé mais comme à une partie vivante d'un présent qu'elle imprègne encore. Pas plus qu'à dix ans, quand je préférais un coin du préau à la compagnie de mes pairs, je ne me sens pas tout à fait à l'aise dans un monde d'adultes sérieux et organisé.

Entre le sexagénaire et l'homme encore jeune qui arrivait à Montréal il y a quelque trente ans en septembre 1962, beaucoup d'eau avait eu le temps de couler sous les ponts du Saint-Laurent. L'idée de fonder une famille ne m'avait guère effleuré. Les couples, les femmes, les enfants, c'étaient les autres, ceux qui avaient réussi à bien s'intégrer à la société, à se faire accepter, à se tourner vers une carrière familiale et professionnelle reconnue.

Je m'étais engagé intérieurement à me consacrer aux plus démunis, il n'était pas question que je m'écarte de mon projet, dût-il restreindre mes horizons et réfréner mes pulsions. Mais la vie se rit de ces considérations, elle bouscule les résolutions les plus fermes, elle déjoue les principes et fait voler en éclats les projets les plus raisonnables.

J'en ai su quelque chose à l'aube de la quarantaine.

Au début de 1973, j'avais fait la connaissance d'une jeune femme, Laetitia, qui fut très vite intriguée par mon type d'engagement. Intelligente et cultivée, fantaisiste et chaleureuse, dotée d'un humour parfois décapant, Laetitia possédait un sens inné de la justice, aimait les animaux et les bons repas et cultivait l'amitié avec un grand talent. Je me sens aujourd'hui privilégié de l'avoir croisée sur mon chemin à un moment où, timide et un peu maladroit, je me sentais à la fois attiré et menacé par les femmes. Dans ma culture de «presque frère», elles avaient fait longtemps partie d'un univers inaccessible, celui d'Ève, la tentatrice, la séductrice, détourneuse de vocations. Mais depuis plusieurs années déjà, je me risquais à sortir de mon préau, à me risquer à voir ce qui se passait au soleil, en plein jour, sans trop craindre de me faire aveugler.

Mes enjeux demeuraient toutefois les mêmes: continuer à diriger les petits frères, rue Garnier, tâche à laquelle commençaient à se greffer des projets littéraires. De plus, je décidai de participer à une émission télévisée, à Radio-Québec, où l'on me demanda d'animer ce qui fut, en 1972, la première émission régulière consacrée au vieillissement. Ces activités furent pour moi de nouvelles expériences passionnantes. J'aimais le contact avec les invités, je découvrais le monde de la communication et j'étais convaincu de la nécessité de diffuser ce en quoi je croyais.

Peu à peu, je me retrouvai dans la situation d'un homme disponible et désireux de partager avec tous, même une femme, ses projets de vie et ses enjeux. Je redevenais un laïc, libéré d'engagements dont je ne percevais plus clairement la raison d'être.

Un soir, je me souviens précisément de la date, c'était le 11 septembre 1973, je proposai à Laetitia d'aller au cinéma. Elle me répondit qu'elle était déjà invitée chez une amie mais que je pouvais très bien l'accompagner: «Je connais Claire, elle sera sûrement contente de te connaître. Comme elle doit prochainement partir pour le Pérou, elle réunit quelques amies chez elle, mais il y aura certainement de la place pour toi.»

Le souper fut fort agréable et de plus très animé, en dépit d'une nouvelle qui m'avait bouleversé: Salvador Allende, Salvador le juste et l'idéaliste, avait été assassiné quelques heures auparavant. Et avec lui, la démocratie et l'espoir des pauvres du Chili.

Outre Laetitia, Claire recevait deux autres amies. Seul homme au milieu de ces quatre femmes intelligentes, gaies, intéressantes, je trouvais que la soirée se déroulait rapidement. J'avais surtout remarqué Claire que j'aurais bien voulu inviter chez moi, mais pour rien au monde je n'aurais osé le lui dire ce soir-là. J'ai préféré une autre formule, à mon sens beaucoup moins risquée: proposer aux quatre femmes de venir à nouveau souper, mais chez moi cette fois-ci. Ce serait ainsi plus facile, «sur mes terres», de prendre des initiatives qui ici, chez Claire, auraient exigé de moi une audace que je ne possédais pas.

Rendez-vous donc boulevard Saint-Joseph, quelques semaines plus tard. Entre temps, j'avais participé, à Calgary, à un colloque sur les personnes âgées organisé par l'institut Vanier de la Famille, d'Ottawa. Tout au long du voyage et du séjour dans l'Ouest, j'avoue avoir eu des distractions et m'être laissé aller à vagabonder en pensée dans les méandres d'une vie nouvelle où je pourrais enfin me perdre et me retrouver, partager, étreindre, aimer et être aimé, pleurer, rire et m'exprimer. Tout cela sans que soient atteintes mes relations avec mes vieux amis ni avec ceux et celles avec lesquels je travaillais depuis plus de douze ans.

En revoyant Claire à la maison, je sus immédiatement, sans réfléchir, que j'étais prêt à l'aimer. Je lui étais intérieurement disponible, sans réserve aucune, et j'acceptais d'avance les suites possibles de cette relation toute neuve. Je pouvais avoir confiance en elle, j'en avais la certitude absolue, les mots «confiance», «foi» et «fiancer» étant une seule et même notion dans mon esprit. L'origine étymologique en est d'ailleurs la même.

Mais comment le lui faire comprendre? Aurais-je l'audace de le lui dire cette fois-ci?

J'ai commencé par tourner autour du pot, exprimant une flamme bien discrète à mon sens, mais suffisamment explicite aux yeux de Claire pour que celle-ci s'en retourne chez elle, toute surprise et fort troublée, munie en outre de quelques textes de mon cru que je devais faire publier plus tard. J'espérais, de cette façon, me dévoiler davantage en lui confiant ces feuillets très personnels.

La suite devait se dérouler rapidement. Évidemment, nous nous revîmes souvent, évidemment nous fîmes des projets. J'initiais Claire au monde des petits frères, elle me parlait de son travail de professeur en éducation spécialisée au Collège du Vieux-Montréal. Elle me confia sa situation plutôt inusitée. Après avoir quitté le collège, vendu son auto, sous-loué son appartement, confié sa chatte entre bonnes mains et reçu ses vaccins, voilà qu'elle s'apprêtait à changer de cap pour une aventure d'une toute autre nature: un séjour de deux ans à Lima, dans le cadre de SUCO (Service universitaire canadien outre-mer).

Était-ce fou? Était-ce logique? Que répondre, si ce n'est que la vie n'est pas toujours logique et que la folie en fait souvent partie. C'est du reste encore aujourd'hui une des constantes dans la vie de Claire: parsemer l'existence de rêve et de beauté, bannir de toute relation l'insidieuse routine qui contamine, décolore et ossifie tout ce qu'elle touche.

Ces considérations d'ordre personnel pourraient paraître superflues mais elles concernaient un moment clé de mon existence. Je me demandais si la fidélité promise aux Pauvres pouvait aller de pair avec la perspective d'une vie conjugale et familiale. Il me fallait faire un choix entre deux types d'engagement aussi exigeants et aussi gratifiants l'un que l'autre. Je me rendais compte que je serais moins disponible rue Garnier. Jusqu'à présent, je ne m'étais jamais posé de questions: ma vie était mon travail et mon travail était ma vie. À quarante ans, à un âge où les enjeux sont fixés depuis longtemps, je me trouvais face à des choix essentiels. Quant à Claire, elle n'aurait accepté pour rien au monde que mon amour pour elle affecte mes relations avec le monde des petits frères.

L'annonce faite à mes vieux amis que j'allais me marier leur causa un vif plaisir mais ils se posèrent bien des questions; beaucoup nous exprimèrent à la fois leur bonheur de nous voir heureux et leur crainte à l'idée que je puisse les quitter. Nous fûmes très émus de leurs lettres, de leurs téléphones, de leurs multiples cadeaux plus touchants les uns que les autres. Quant à notre mariage, ce fut pour eux une grande fête de l'affection et de la joie de vivre. Une immense tente avait été dressée dans un joli jardin afin d'y accueillir les quelque cinq cents personnes dont certaines s'étaient préparées à la fête depuis longtemps. Madame Saintonge en particulier s'était entraînée des semaines à l'avance à descendre et à monter son escalier car elle voulait être certaine d'être solide sur ses jambes pour la journée du 8 juin...

Une délégation familiale conduite par ma mère était venue pour la circonstance. Mon frère, sa femme et une de mes tantes étaient du voyage. Ils furent enchantés de leur premier périple outre-Atlantique. Le printemps éclatait de toute sa splendeur, comme il ne sait le faire qu'au Québec. En cette fin de mois de mai, les arbres étaient encore revêtus de leur parure vert tendre et les visiteurs pouvaient s'imaginer qu'il en avait été toujours ainsi. Ils furent séduits par la gentillesse des gens, leur spontanéité et aussi par la simplicité des relations humaines. On réalise mal, au Québec, à quel point les étrangers remarquent immédiatement l'espèce de franchise amicale dont on fait en général preuve à leur égard.

Je regrettais seulement que mon père n'ait pu être du voyage. Âgé et devenu sédentaire, sans doute ne se sentait-il pas prêt à entreprendre ce déplacement car tout ce qui me concernait le touchait de très près. Peu enclin aux confidences, cet homme d'une rare sensibilité qui m'avait fait part un jour de son inquiétude à l'idée de me voir finir mon existence dans la solitude et éventuellement la gêne fut rempli de joie par mon mariage et manifesta envers Claire l'affection la plus vive. Quand mourut cet homme bon et tendre, je me trouvai brutalement privé d'un protecteur pudique et chaleureux auquel j'aurais souhaité pouvoir me confier davantage. Mais tous les deux, nous étions timides, nous communiquions surtout par allusions, par connivences, nous qui avions été très longtemps séparés l'un de l'autre. Il a fallu qu'il me quitte pour que je puisse aujourd'hui ressentir plus fort que jamais sa présence affectueuse et discrète.

★

★   ★

Mon union avec Claire eut pour résultat de m'ancrer plus profondément dans cette terre du Québec mais, plus important encore, de me donner une nouvelle famille établie dans le bas du Fleuve qui eut tôt fait de m'accueillir avec beaucoup de chaleur. Je n'étais définitivement plus seul au pays! Une belle-mère également douée du cœur et de la tête devait devenir une amie très chère, redoutable partenaire de scrabble et associée talentueuse dans la préparation des petits plats. Quant à mon beau-père, des fonctions importantes qu'il avait consciencieusement assumées ne l'avaient jamais enclin à se prendre au sérieux plus qu'il ne le fallait. Conscient de la vanité des honneurs et des charges, il maniait l'humour et la délicatesse avec un bonheur constant.

La découverte d'une nouvelle famille fut certes le plus beau cadeau que me valut mon insertion au Québec.

10

LA FAMILLE

*S*errer contre soi le petit corps tiède et odorant d'un enfant naissant constitue sans doute une des joies les plus intenses qu'il soit donné de ressentir. Cette joie fut d'autant plus forte qu'elle avait succédé à la souffrance de perdre à deux reprises l'être que nous avions conçu, au moment où mystérieusement il prenait forme et se développait pour devenir brusquement un paquet de tissus sans vie. Deuil douloureux, goût d'amertume et de stérile solitude mais aussi partage d'une souffrance qui nous rapprochait.

De nouveau l'espérance, l'annonce de la bonne nouvelle, encore des alertes, encore des inquiétudes, puis la douceur d'un joli mois de mai et l'avènement d'un jeune été flamboyant qui vinrent confirmer nos attentes. Nous partageâmes alors des moments d'allégresse. Cette fois-ci la vie l'emportait, l'enfant entamait son voyage parmi nous, occupant nos pensées, nourrissant nos rêves et nos projets. Tout le monde l'attendait, en particulier les vieilles dames qui se mirent à leurs aiguilles et confectionnèrent des dizaines de petites «pattes», les unes misant avec une certitude absolue sur le rose, les autres fermement convaincues du bleu...

Une petite fille vint régler la question. Ce fut Catherine que nous passâmes de longues heures à regarder, à écouter, à humer même: cette petite odeur de bébé, aigrelette, demeure aujourd'hui persistante en mon esprit. La cégépienne de 1994 m'interroge encore sur l'histoire de sa naissance; sa sœur, Anne, n'est pas moins désireuse de se faire raconter différents épisodes de sa petite enfance, les premiers Noëls, les petits et grands événements de la garderie ou de la maternelle. Toutes les deux écoutent à l'occasion les cassettes, échos fidèles des premières paroles et mêmes des battements de cœurs des deux fœtus. Chez nous, les albums photos demeurent rarement sur les rayons de la bibliothèque; nous les feuilletons souvent et le passé resurgit avec les voyages, les vacances, les premiers pas, les fêtes (on photographie rarement les événements tristes), les anniversaires d'enfants, la parenté d'Europe et du Québec, sans oublier les animaux qui tiennent une grande place dans la maison. La doyenne Mistigri coule ses vieux jours de féline indépendante et manifeste une tolérance bienveillante à Charlotte, gros caniche têtu et gourmand, jolie masse de laine affectueuse dont l'arrivée récente a dû bouleverser le train-train feutré de note vieille chatte grise.

Dès l'arrivée de notre aînée, je m'initiai très vite aux rites de sa toilette, aux dosages du lait maternisé, à la confection des biberons.

Je trouvais les nuits courtes parce que Catherine était trop présente, et les journées de travail longues parce qu'elle ne l'était pas assez. Elle nous occupait, nous rassemblait, nous faisait vivre et rêver. Nous étions heureux de la présenter à nos amis et à quelques personnes âgées qui nous étaient très proches. Je me souviens de repas fort animés à la maison où, du fond de son berceau, Catherine nous observait. Le soir du 15 novembre 1976 notamment où, en dépit de la joie bruyante de cette soirée d'élections, elle dormait profondément, impassible et insensible à ce moment de l'histoire. J'aurais souhaité qu'elle se manifeste en cette occasion par un cri bien senti mais ce ne fut pas le cas...

Catherine était au centre de toutes les conversations, mais surtout au centre de notre vie, privilège qu'elle dut partager avec sa sœur deux ans plus tard.

Anne vint au monde en 1978 par un après-midi caniculaire du mois d'août. Petite chrysalide rougeaude et ridée qui devait bientôt se muer en un frais minois rieur. Enfant facile et éveillée, accueillie par sa sœur sans réticences apparentes et par ses parents avec une joie immense... Fierté du père à qui on demandait des nouvelles de sa fille aînée et qui pouvait dire: vous savez, j'en ai une autre!

Je revivais auprès d'Anne les mêmes petits bonheurs éprouvés auprès de Catherine deux ans auparavant. Presser contre moi sa petite peau tiède, humer ses cheveux un peu moites, caresser son ventre, la regarder dormir, l'entendre respirer...

Ces petites filles étaient maintenant au cœur de notre vie mais nous devions tenter de réaliser, comme sans doute tant de familles, un difficile équilibre entre notre disponibilité aux enfants et celle que nous nous devions l'un à l'autre, en tant que couple. Il faut toutefois reconnaître qu'elles ont souvent pris la première place et que leur territoire était, au début surtout, infiniment plus vaste que le nôtre. Nous avons appris, en l'expérimentant, la nécessité de trouver un espace bien à nous, pour échanger, pour nous parler, pour prendre du recul, pour nous retrouver, pour nous re-marier, pour déjouer la routine insidieuse. Cette quête d'un espace de couple demeure à l'ordre du jour, en dépit de l'évolution des filles qui recherchent maintenant le leur au sein et en marge de la famille.

Probablement parce que j'y trouvais le plus grand des plaisirs, je suis heureux d'avoir pu passer de longs et agréables moments en compagnie de nos enfants.

Quand elles étaient très petites, c'était l'heure des jeux, du bain, des shampooings abhorrés, des repas, des lectures et surtout des histoires de mon enfance, un tantinet enjolivées pour qu'elles expriment mieux les facettes d'un merveilleux qui tenait les enfants en haleine (et moi aussi...). Il m'arrivait de reculer l'heure du coucher, n'arrivant pas à éteindre quand il le fallait.

Plus tard, ce furent les leçons et les devoirs, les fêtes d'anniversaires, l'accompagnement aux cours de gymnastique, de danse, d'artisanat, les voyages, les vacances, la chasse aux coquillages, le camping familial sous la pluie du Nouveau-Brunswick, les séjours en Gaspésie, terre accueillante mais également très mouillée.

J'aimais ces moments bénis qui me tenaient éloigné d'un quotidien souvent ingrat et compensaient les moments difficiles d'inquiétude professionnelle et de doutes personnels. La vie de famille a toujours été chez nous l'antidote à tous les obstacles rencontrés. Une vie de famille qu'il fallait sans cesse alimenter, inventer, remettre en question. D'instinct, Claire percevait l'urgence de constituer un environnement harmonieux, propre aux échanges, aux repas

agréables, aux fêtes, aux changements que la vie nous ame-
nait à vivre.

Tout au plaisir des jeux et de la fantaisie, j'en arrivais
à regretter les temps révolus où, pour certains privilégiés,
l'idée même d'un travail à l'extérieur ne se posait pas. Je me
voyais fort bien finir mes jours père au foyer, témoin quotidien de l'évolution de nos filles, partenaire de leurs jeux, de
leurs apprentissages, de leurs découvertes. Sans craindre
aucune censure, je me laissais aller à la détente et c'était alors
les temps les plus heureux qu'il m'ait été donné de connaître. Je ne me lassais pas de leur inventer des histoires, d'en-
registrer leurs propos, de leur chanter, horriblement faux, les
comptines qu'elles aimaient. Nous étions complices dans
nos jeux, étrangers aux exigences d'un monde qui se prend
terriblement au sérieux et ne sait plus guère jouer.

C'est sans doute la raison pour laquelle le contact
quotidien avec mes enfants me permit de résister aux tur-
bulences professionnelles de la cinquantaine. Mon statut de
père de famille l'emportait de loin sur celui de chômeur, si
lourd soit-il.

Père de famille, qu'est-ce à dire? Pour moi c'est une
réalité qui se situe aux antipodes de l'image d'autorité et de
leadership masculin.

Plus qu'un rôle, c'est sa personnalité qui marque la
famille, sa capacité de jouer, d'écouter, d'imaginer, de pleurer, de rire, de rêver, de consoler. Ce ne sont pas là des
attributs traditionnellement masculins mais peu importe!

★

★   ★

Récemment nous fêtions, Claire et moi, nos vingt ans de mariage. Certains amis nous manifestèrent à cette occasion leur affection et aussi leur étonnement car, par les temps qui courent, nous ont-ils confié, vous constituez sinon un record, du moins une certaine exception parmi tant de couples qui se font et se défont à un rythme accéléré.

Il nous arrive de nous demander pourquoi, après vingt ans, nous sommes encore ensemble et nous nous aimons même davantage. Les difficultés n'ont pas manqué, les circonstances et les aspérités dues à nos caractères fort différents ont occasionné à plusieurs reprises des frictions et des remises en question parfois douloureuses. Il semble que les larmes doivent toujours accompagner les passages cruciaux et précéder les retrouvailles.

Aujourd'hui je prends conscience qu'au début de notre mariage nous désirions, plus ou moins consciemment, que l'autre se comporte conformément à nos attentes mutuelles. Nous étions immanquablement déçus, ce qui provoqua, à l'occasion, quelques conflits. Je pense qu'il faut renoncer à transformer notre partenaire pour lui laisser toute latitude d'évoluer dans des directions que nous n'avons pas à contrôler. Une vie à deux ne doit pas mener à la fusion des conjoints mais à leur autonomie affective et personnelle. Cela ne va pas sans difficultés car nous aimerions tellement que l'autre vive ce que nous ressentons, qu'il partage également nos soucis et nos joies, en un mot qu'il ne cesse d'être à notre diapason.

Je crois qu'aujourd'hui nous avons, tout au long de ces vingt ans, partagé, Claire et moi, bien des joies mais aussi des soucis de toutes sortes, liés en particulier aux questions financières qui font ressortir toute l'insécurité tapie au creux de chacun d'entre nous. Nous avons eu la chance de pouvoir régulièrement nous parler de ce que nous vivions à ce sujet. La routine quotidienne, le travail, les enfants ont pu nous tenir éloignés l'un de l'autre, mais il nous a toujours été possible de nous retrouver et de prendre une certaine distance par rapport au quotidien. Que ce soit au cours de voyages, de fins de semaines toujours trop espacées, nous avons pu aborder les sujets délicats comme les plus futiles.

Au contact de Claire, j'ai pris conscience d'un certain handicap, bien masculin, consistant à ne pas accorder tellement d'importance aux petits événements et aux petites décisions qui donnent tout son sel à l'existence. Prendre des initiatives, penser aux détails qui ensoleillent les relations, entretenir l'amitié, cultiver le sens de la beauté, voilà autant de qualités qui me fascinent chez Claire. Puissé-je un jour me les approprier véritablement!

★

★ ★

Face à la vie qui monte, la mort n'est jamais très loin, l'envers et l'avers de la même médaille sont condamnés à demeurer ensemble. L'une ne va jamais sans l'autre. Nous avions décidé de déménager et de partager avec des amis, Yves et Marie-Christine et leurs trois enfants, une grande et vieille maison scindée en deux appartements. Nous nous sentions très proches les uns des autres, les enfants grandissaient ensemble, nous pouvions passer quelques jours sans nous voir puis bavarder pendant de longues heures.

Un matin, Yves nous confia son inquiétude: une petite bosse qui l'agaçait. Ce ne devait pas être grave.

C'était très grave. Yves en eut la confirmation quelques jours plus tard. Ses jours étaient comptés. Nous nous sentîmes encore plus proches, un peu comme des animaux qui se serrent les uns contre les autres quand ils ont peur. Nous avions peur en effet d'un futur si menaçant. Notre petite communauté était secouée, nous avions mal, nous sentions que c'était injuste, que nous ne méritions pas cela.

À la même époque, notre amie Laetitia vint souper à la maison. Elle était très ébranlée par l'épreuve que vivaient Yves et sa famille.

Au milieu de la soirée, Yves qui devait entrer à l'hôpital le lendemain passa nous voir avec Marie-Christine. Il avait envie de nous parler de sa maladie, de la vie qu'il voulait encore plus belle et plus vraie, maintenant qu'il la savait courte. Laetitia, qui vivait tout cela très intensément, ne pouvait accepter ce qui arrivait à Yves; elle trouvait injuste qu'un jeune père de famille ait à quitter les siens si vite et souhaitait lui apporter son aide.

Nous avons beaucoup parlé pendant la soirée: de la vie, de la mort, des enfants, du bonheur.

C'est Yves qui, trois jours plus tard, nous apprit, de l'hôpital, qu'un avion venait de s'écraser à Québec. Il était persuadé que Laetitia était du nombre des victimes.

Nous nous sommes précipités aux nouvelles. Laetitia avait bien pris cet avion. Sachant qu'il y avait des rescapés, nous conservions un espoir. Au petit matin, nous apprîmes qu'elle n'était plus des nôtres.

Alors que nous vivions déjà la maladie d'Yves, l'annonce de cette mort tragique nous bouleversa, Claire et moi.

★

★　★

Peu après, les médecins constatèrent que l'état d'Yves cessait de s'aggraver. Puis il devint stable et bientôt on put parler de rémission et, beaucoup plus tard, de guérison.

Maintenant, je crois à la communion des saints, je crois que le hasard n'existe pas et que nous sommes rattachés les uns aux autres par des liens mystérieux dont la nature nous échappe. Nous sommes unis à ceux qui nous ont quittés comme à ceux qui demeurent à nos côtés. Ils nous transmettent la vie mais, le plus souvent, cette vie ne nous atteint pas, occupés que nous sommes à courir à gauche et à droite, en quête de messages illusoires et de sensations fugaces.

11

LA CRISE

*L*es hauts et les bas de la vie de famille auraient largement suffi à mon bonheur, n'eût été la nécessité de
faire bouillir la marmite et de contribuer à la bonne marche
de l'économie domestique.

À la suite d'une année sabbatique passée en France
et consacrée à l'écriture, j'avais pris la décision de m'éloi-
gner des petits frères et de transposer sur le plan politique
les mêmes convictions qui m'avaient animé sur le plan
social.

Je ne pensais pas un instant à la politique au sens technique et opérationnel du mot, cette politique qui passionne
mais qui brûle en même temps, qui peut attirer les êtres les
plus généreux mais aussi siphonner les énergies, démanteler
les familles et faire avorter les projets les plus purs. Non pas
que cette forme de politique ne m'ait jamais tenté mais, en
cet automne 1977, je ne voyais pas comment concilier des
réalités familiales et les exigences d'une vie où les moindres
temps libres doivent être subordonnés à la raison d'État.

Pour moi entrer en politique aurait été comme entrer en religion et, merci, j'avais déjà donné...

Par contre la perspective de me joindre à une équipe ministérielle qui se vouait au développement social me tentait beaucoup plus car je percevais, au sein de cette équipe et de son chef, Pierre Marois, une volonté de changement et d'innovation doublée d'une énergie contagieuse.

C'était le temps où les Québécois étaient heureux, où les projets de vie meilleure et de société plus humaine animaient les cœurs et les intelligences. Le chômage ne frappait pas encore trop fort, la jeunesse, assez politisée, croyait au charisme de ses chefs nouvellement élus. On espérait que le pouvoir prendrait le relais des idéaux communautaires et les transformerait en belles et bonnes réformes fondées sur l'équité et la justice.

Je fus donc heureux de voir mes services retenus comme conseiller du ministre d'État au Développement social, en matière de vieillissement. Tout un titre qui recouvrait bien des fonctions: essentiellement faire des aller et retour entre les groupes communautaires du terrain et les instances où se préparaient les décisions, travailler à l'élaboration de politiques du vieillissement qui pourraient rassembler les aînés et les jeunes autant dans l'action quotidienne que dans la réflexion, tenir le ministre au courant des réalisations les plus marquantes concernant l'amélioration de la condition des personnes âgées.

Tout cela me paraît aujourd'hui bien utopique car, pendant les trois ans que je devais passer «au gouvernement», la réalité quotidienne allait être fort différente. Les préoccupations et les réalisations de cette équipe ministérielle ont toujours été solidaires des enjeux politiques et électoraux, ce qui n'a pas exclu toutefois de généreux combats pour la santé et la sécurité au travail et pour bien d'autres réformes qui s'imposaient. Je sentais l'équipe à l'écoute quand je parlais d'une participation accrue des aînés aux affaires qui les concernent mais, le plus souvent, cette écoute s'arrêtait là car toutes les énergies se déployaient dans d'autres domaines ou alors s'éparpillaient au sein de multiples comités chargés d'étudier la «faisabilité» de réformes dont je soulignais l'importance.

Je travaillais à Montréal et toute l'action se passait à Québec, là où se définissaient et se peaufinaient les stratégies d'action, de concert avec les autres ministères. Il aurait peut-être fallu que je harcèle systématiquement un ministre jusqu'à ce qu'il convienne avec moi d'un rendez-vous à sept heures le matin ou à onze heures le soir. Très vite, je pris conscience que mon rythme de travail ne s'accordait pas à la frénétique agitation des emplois du temps ministériels.

Je ne regrette cependant pas cette époque, féconde à bien des points de vue car, au-delà des contraintes, j'ai pu sans doute contribuer à l'avancement de certains dossiers, comme les loisirs aux aînés, l'aide aux organismes bénévoles et le maintien à domicile. En outre, les nombreuses rencontres avec des groupes communautaires et des responsables d'organismes d'aînés m'ont beaucoup enrichi. Enfin, la valeur humaine et la compétence de plusieurs collègues sont venues compenser mes frustrations face à la lenteur des résultats escomptés.

★
★ ★

Mon travail au ministère d'État au Développement social me laissait quelque loisirs dont celui de me consacrer à une cause qui anima les Québécois, les divisa, les rassembla, les fit souffrir et les passionna: le référendum de 1980. Étranger de naissance, j'avais la chance d'être témoin et même acteur d'un mouvement historique, d'un espoir collectif brutalement évanoui en cette soirée de mai où les vainqueurs ressemblaient à des vaincus. La tristesse, la frustration et même la rage des Québécois qui comprenaient mal qu'on n'ait même pas osé donner à nos chefs un simple mandat de négocier un statut nouveau, ces sentiments-là, je les éprouvais avec la même force que si mes ancêtres s'étaient appelés Hébert, Gagnon ou Tremblay. En ce printemps de 1980, je me sentais plus que jamais enfant d'un pays qui n'en finissait plus de venir au monde même s'il possédait en lui la force du passé et la richesse du présent qui lui auraient permis de bâtir un avenir qui lui soit propre.

Nanti de ces atouts, il aurait pu devenir une nation mais une prudence frileuse l'a amené à demeurer une province.

Parce que je me sentais solidaire de nombreux Québécois, parce que j'avais décidé de faire mien ce pays qui m'avait accueilli, je ne pouvais accepter l'attitude de ceux qui contestaient mes prises de position en me reprochant d'avoir ici des racines bien fragiles. Les premiers Canadiens n'avaient pas non plus de racines bien fortes; elles se sont progressivement développées au fil des siècles. Quant à ceux qui s'en prenaient à l'intelligence des aînés en brandissant la menace de perdre leurs pensions s'ils commettaient l'erreur de vouloir se choisir un pays, je n'éprouvais même pas l'envie de leur répondre; le mépris et la lâcheté fleurissent sous toutes les latitudes.

Pourtant, il avait bien commencé ce printemps référendaire, printemps de divisions mais aussi de dialogues, dialogues de sourds mais aussi de bien entendants. Rassemblements spontanés, émotions et passions. Passion dans les deux camps. D'un côté, passion d'un pays à construire et, de l'autre, refus de le détruire en l'isolant d'un ensemble hétérogène mais sécurisant. Nous avons eu d'autres exemples de cette attitude: sagesse et réticences des cardinaux de la Sainte Église devant l'inconscience du bon pape Jean: «Mais, Très Saint Père, un concile, vous n'y pensez pas, nous ne sommes pas prêts...»

Très naturellement, on m'avait demandé de rencontrer des groupes d'aînés pour leur présenter les enjeux du référendum et tenter de les convaincre de voter OUI. Mission périlleuse, quasiment impossible, mais expérience humaine du plus haut intérêt. À leur contact, j'ai très vite réalisé que je ne pourrais jamais devenir un vrai politicien. Chez le plus grand nombre, décidés à voter NON, je ressentais de la crainte, beaucoup d'ignorance mais aussi de la chaleur humaine et de l'affection, à un degré tel que je ne pouvais me résoudre à voir en eux des adversaires. Ce qui m'unissait à eux était de loin plus fort que ce qui m'en séparait. Je vivais souvent chez eux de l'intolérance et des jugements à courte vue mais n'en était-il point de même chez ceux «du camp d'en face»? La chasse aux «séparatistes» n'avait d'égal que la haine des «Anglais». L'intolérance était vive du côté des partisans du OUI qui avaient tendance à monopoliser le patriotisme québécois mais elle était plus marquée encore chez ceux du NON qui réglaient facilement le compte de leurs adversaires en les accusant tout simplement de vouloir détruire le Canada.

Ces deux formes d'intolérance avaient ceci en commun qu'elles bannissaient les nuances et polarisaient les opinions. On avait tendance à ne fréquenter que ceux qui partageaient nos options.

Il n'est pas certain qu'aujourd'hui nous ayons beaucoup progressé dans ce domaine.

★

★ ★

Sans que j'en prenne conscience sur le moment, l'échec référendaire marqua pour moi le terme d'un engagement politique qui m'apparut dès lors vide de sens. Même si beaucoup avaient décidé de continuer la lutte sous d'autres formes, je me sentais démobilisé; les enjeux d'antan n'étaient plus présents et j'abordais, à la fin de la quarantaine, un carrefour dont les avenues n'étaient pas clairement indiquées. Autant pour moi la vie de famille avait un sens, autant les perspectives professionnelles m'apparaissaient floues et incertaines. À l'expiration de mon contrat au ministère, en 1981, je me tournai à nouveau vers les petits frères et leur proposai mes services. Je me retrouvai bientôt réintégré dans une équipe relativement nouvelle, beaucoup plus structurée et plus étoffée. Les temps étaient loin où nous étions trois ou quatre à concevoir les stratégies et à prendre les décisions, au gré de notre intuition et des besoins des personnes âgées.

J'avais quitté un esprit et je retrouvais une organisation. Je me sentais comme locataire dans la maison de famille récemment mise en vente. Le travail était là, les objectifs demeuraient, les activités ne manquaient pas. J'arrivais à neuf heures, je partais vers cinq heures et pendant deux ans, de 1981 à 1983, je pris le parti de m'en satisfaire; il devait en exister des milliers et des dizaines de milliers qui arrivaient le matin au travail et dès mercredi pensaient à la fin de semaine. Je possédais l'avantage de m'acquitter d'un travail intéressant alors que d'autres s'adonnaient à des tâches routinières. Je n'avais donc pas à me plaindre mais je vivais la nostalgie de ces années où nous formions un petit groupe uni, assisté de quelques bénévoles enthousiastes. Les heures de travail étaient plus longues mais les enjeux nous passionnaient... alors que maintenant ils ne faisaient que m'intéresser.

Peu à peu je m'habituais à ce nouvel ordre des choses. Je m'adaptais à une organisation différente, accomplissant le mieux possible le travail dont on m'avait chargé. Non sans mal car je me distanciais de plus en plus de ceux qui, à l'époque, dirigeaient les petits frères et, à mon sens, diluaient leur esprit originel. Même si, à plusieurs reprises, je leur avais confié mes inquiétudes qu'ils prenaient sans doute pour de la nostalgie, les choses ne bougeaient guère. Les permanents du mouvement qu'on appelait maintenant «les employés» étaient loin de toujours s'entendre, certains furent mis à pied, d'autres poursuivirent le mouvement en justice. Rien là qui ne soit exceptionnel; tous les organismes ont connu ou connaissent de telles convulsions et des crises souvent annonciatrices d'une époque nouvelle (c'est ainsi qu'on les appelle quand lesdites crises sont passées...). Mais j'avais peine à me faire à l'idée que «mon» mouvement ait perdu l'étincelle qui l'animait et soit devenu un organisme comme les autres avec ses conflits de pouvoir, ses coups bas et ses jeux de coulisse. À un point tel qu'un dimanche de juin 1983, je fus forcé de démissionner. On avait réussi à me convaincre que mon départ et celui de quelques autres contribueraient à la sauvegarde de l'organisme en crise. Comme certains problèmes avaient été divulgués sur la place publique, il convenait, avait-on soutenu, qu'une équipe nouvelle prenne la relève et que certains des anciens laissent la place.

Dans un contexte extrêmement émotif, on m'avait arraché une démission et je me retrouvais tout simplement à la porte après plus de vingt ans d'une existence passionnante et le plus souvent passionnée. Il ne restait plus rien, si ce n'est l'amour des miens et l'attachement de quelques amis, jeunes et vieux. C'est dans de telles circonstances que les relations se mettent à nu: des personnes demeurent solidaires et présentes et d'autres, en général plus nombreuses, s'estompent dans la brume...

Je garderai longtemps en mémoire ce dimanche d'été qui me révéla brutalement mes limites et qui marqua un tournant dans mon existence. Jusqu'alors j'étais demeuré à l'abri du vent du large, protégé par une certaine réputation, identifié à un certain organisme. Je me retrouvais maintenant seul, face à un avenir professionnel pour le moins problématique.

Dans un premier temps, je me sentais vaguement honteux de m'être laissé évincer. Sans cesse, j'échafaudais dans ma tête des scénarios plus glorieux; je me voyais donner la réplique avec succès à ceux qui m'avaient arraché une démission. Je reconstituais des situations différentes où j'avais évidemment le beau rôle. Mais tout cela était du vent; je devais me résoudre à l'idée de vivre un échec terrible mais aussi un deuil, celui de ma mission passée, de mes «années glorieuses».

C'est alors que je fis la connaissance des bureaux d'emploi, des files d'attente pour recevoir des formulaires, les remplir scrupuleusement, promettre à un fonctionnaire soupçonneux de demeurer toujours disponible pour de l'emploi, rencontrer des employés indifférents, d'autres plus obligeants, me faire dire que j'avais seulement quelques minutes pour expliquer mon cas, envoyer des dizaines de lettres proposant mes services, recevoir des réponses aussi courtoises que négatives (selon la formule bien connue des trois paragraphes: 1. Merci de vous être adressé à nous. 2. Malheureusement à l'heure actuelle... 3. Cependant, au cas où...).

Rétrospectivement, cette période éprouvante m'apparaît aujourd'hui, une fois traversée, très révélatrice et riche d'enseignements: je n'étais plus le représentant respecté d'un organisme en vue, une personne dont le nom projetait une aura de dévouement et de philanthropie. J'étais un parmi les quelque cent mille demandeurs d'emplois du Québec. Brutalement désarçonné, je retrouvais auprès des miens un accueil et une chaleur humaine exceptionnels et je me sentais beaucoup plus proche de tous ceux et celles qui vivent une certaine déchéance liée à une perte d'emploi.

L'épreuve avait un caractère d'abord très prosaïque, les prestations d'assurance-chômage ne constituant pas un pactole des plus consistants. Mais c'était aussi un désarroi psychologique, lourd de conclusions pessimistes et d'idées sombres: si tu étais si compétent, si tu avais su te tenir debout, tu n'en serais pas là... Tentation également de se dévaloriser, humiliation d'avoir à se «vendre», espérance et désillusion, suivis d'autres espoirs et d'autres déceptions. Inquiétude d'arriver à la cinquantaine sans aucune sécurité financière...

En un mot, je connus l'échec et son goût amer. Cependant, je pus l'admettre et me dire qu'il n'y avait d'autre issue que de repartir. Se retrousser les manches, frapper aux portes, frapper aux fenêtres, téléphoner, laisser des messages, talonner sans harceler. Recevoir des promesses chaleureuses: «J'ai exactement ce qu'il vous faut, rappelez-moi la semaine prochaine.» La semaine suivante: «Bien... vous comprenez, on m'a mal renseigné, les budgets ne sont pas ce que j'avais prévu, mais pourquoi n'allez-vous pas voir Untel, vous lui direz que vous venez de ma part.» Untel regrette que quelqu'un comme moi ne puisse rien trouver et promet de faire quelque chose et de me rappeler. Il me rappelle en effet pour me recommander un de ses amis mieux placé que lui pour m'aider. L'ami en question est scandalisé que je sois au chômage et m'invite à dîner. Résultat, je suis presque engagé, c'est une question de quelques semaines. Tout finira bien par s'arranger, il suffit d'être patient mais l'ami me fait savoir que l'emploi évoqué a été proposé à un candidat du réseau, «certainement moins qualifié que vous, mais vous savez, le réseau des Affaires sociales est assez fermé, c'est la république des petits amis, on procède pratiquement par cooptation. Je suis désolé, mais je ne suis pas inquiet pour vous. J'entendrai sûrement parler de contrats possibles et cela me fera plaisir de vous donner un coup de main. Appelez-moi donc dans un mois... je vous en donnerai des nouvelles. Surtout ne lâchez pas...»

C'était là conseil peu compromettant, surtout quand ledit conseilleur n'avait pas à craindre pour son propre emploi mais se réfugiait dans des paroles polies, aussi vides que libératrices de conscience.

Ainsi, c'est toute la dimension humiliante et parfois décourageante du chômage qu'il m'a été donné de vivre à cette époque. Je peux ainsi mieux comprendre l'iniquité du sort des innombrables demandeurs d'emplois qui, plus que jamais, doivent frayer leur voie dans l'indifférence générale. On a beau déplorer cette situation et fonder des engagements électoraux sur la lutte pour l'emploi, il reste que les chômeurs se sentent exclus et grossissent les rangs de l'immense armée des sans-valeur et des inutiles. Pire, dans notre société, ils sont en butte à un manque de compassion généralisé. Tout chômeur, titulaire de prestations de plus en plus chiches, est volontiers perçu comme un fraudeur en puissance par un État dont les stratégies de lutte contre la pauvreté se font largement et paradoxalement sur le dos des plus pauvres.

Le chômeur demeure un individu encore plus isolé que les autres. Les innombrables curriculum qu'il envoie sans trop d'illusions grossissent des piles toujours croissantes. Dans ce contexte, tous les rapports humains sont faussés. Je me souviens fort bien avoir longtemps évalué mes relations non pas pour leur valeur propre mais pour la chance qu'elles avaient de me procurer un contrat. J'avais toujours en tête l'idée d'envoyer un CV à quiconque se montrait avenant envers moi. Je me sentais comme le mendiant d'abord torturé à l'idée de tendre la main la première fois puis finalement presque à l'aise dans cette attitude. Obsédé par le coup de téléphone miracle qui réglerait tous mes problèmes, je me forgeais des scénarios non moins miraculeux où je devenais celui dont on courtisait les services. Je rêvais à un bon emploi comme on rêve au gros lot et j'avais tendance à minimiser ma situation pour que les autres se fassent illusion et ne me prennent pas en pitié. Il est dur, en effet, dans notre monde, d'avouer tout simplement ce genre de tare, tant le chômage diminue notre estime de soi et nous relègue peu à peu au rang des incapables. Nous sommes nécessairement sensibles au discours des bonnes gens qui se font les hérauts d'une sagesse dite populaire et tout à fait meurtrière: «Ceux qui sont tenaces, qui ne se découragent pas, finissent toujours par se trouver un emploi», conclueront sottement ceux qui n'ont jamais connu ce genre de problèmes. En outre, ces affirmations intelligentes ont pour effet bénéfique d'accentuer l'isolement des chômeurs perçus alors comme des paresseux ou des incapables «qui feraient bien d'aller faire un tour à l'extérieur de notre merveilleux pays pour constater qu'on n'est pas si mal chez nous...»

J'ai toujours été surpris qu'aucune grande voix ne s'élève contre le scandale humain du chômage. On s'attaque certes au problème économique de l'emploi, on échafaude des plans de lutte de plus en plus sophistiqués, au fil des campagnes électorales qui reviennent, comme les impôts, au mois d'avril. Mais la situation ne change guère. Les statistiques peuvent bien révéler telle baisse de l'indice du chômage, mais l'indice de la désillusion et de l'isolement est beaucoup plus difficile à établir.

★

★   ★

La grisaille de cette époque devait cependant faire place à de belles éclaircies. La découverte du monde du dessin et de l'aquarelle en fut une: douceur des teintes, joie de pouvoir imaginer des formes ou des paysages qui prenaient vie selon les caprices imprévisibles de l'eau et des couleurs, odeur acidulée du papier tantôt velouté, tantôt rêche ou doucement satiné. Rage de déchirer une œuvre jugée mauvaise, fascination de voir naître des visages, des sourires, tristesse des sujets choisis qui devaient refléter des états intérieurs.

Ce fut la phase heureuse d'une période professionnellement stérile. Il y eut mon contact avec le frère Jérôme, octogénaire fécond, être de création, à la sensibilité parfois rugueuse et aux décisions péremptoires: «Cette peinture-ci est vivante, celle-là n'a aucune présence. Je sens ce que tu as fait hier, mais ton travail d'aujourd'hui est froid, il est mort, il ne me dit rien...»

Il n'y avait pas de milieu pour Jérôme. À la fin de chaque cours, tel le Père éternel au Jugement dernier, il plaçait ce qu'il aimait à sa droite et le reste à sa gauche. Il avait des enthousiasmes d'enfant mais on craignait ses rebuffades dont on essayait de se protéger en affectant de croire qu'elles étaient séniles. Jérôme n'avait qu'une seule maîtresse, la vie créatrice. C'était un privilège de pouvoir exposer à ses côtés. J'eus la joie de pouvoir accrocher quelques aquarelles dans son ancienne galerie de la rue Saint-Denis et je goûtai au plaisir d'attendre les visiteurs, de les observer, de guetter leurs réactions et de poser les petites pastilles rouges indiquant que l'aquarelle avait trouvé preneur.

Il y eut Jérôme mais il y eut aussi Alfredo. Alfredo Monros, peintre catalan et grand dessinateur, établi de longue date à Montréal, camarade de Picasso et de Dali, rebelle à toute publicité. Rebelle aussi à la petitesse et à l'opportunisme. Ses élèves étaient un peu ses enfants; il nous rudoyait mais nous avancions. Il n'avait guère le compliment facile, ses critiques ne tardaient jamais et il fallait interpréter ses différents degrés de satisfaction aux types de grognements qu'il pouvait moduler. Grognement de colère de l'homme libre et intransigeant, grognement de tendresse de l'écorché vif.

Quoi qu'il en soit, je revois aujourd'hui cette époque comme un temps de ferveur et de création: je vivais avec mes crayons et mes pinceaux une solitude bienfaisante, une sorte de retraite où plus rien d'extérieur ne compte. Un voyage fascinant qui conduit à l'enfance et à ses émerveillements.

Mes errances d'homme en quête d'épanouissement, mes difficultés à communiquer mes sentiments, ce culte d'une excellence sécurisante et confortable, je les ai longtemps vécus et je les vis encore, dans une moindre mesure cependant.

À cinquante ans, je me surprenais parfois à rêver non pas à la retraite, mais à un style de vie où la création, l'affection des miens, la fantaisie prendraient la plus grande place. Travailler ne me tentait plus. Un ressort avait été cassé, la porte des petits frères m'avait été claquée au nez et je ne voyais pas d'autres issues. Je rêvais d'avoir déjà soixante-dix ans pour qu'on puisse me souhaiter un repos bien mérité après une si belle vie consacrée aux autres. Mais j'en avais seulement cinquante!

Je n'en continuais pas moins à chercher du travail; je décrochais quelques engagements mais me rendais bien compte qu'une époque était terminée. Brutalement renversé de mon socle, il me fallait maintenant travailler «sans filet», isolé du mouvement qui m'avait fait connaître sur la place publique. C'est à ce moment que je perçus toute l'ampleur de l'échec vécu. On me parlait au passé: c'est vous qui avez fondé les petits frères des Pauvres. Ou pire, s'illusionnant sur ma situation réelle, on me félicitait pour un travail que je n'accomplissais plus.

Je ne m'accordais guère de crédit et même me jugeais fort sévèrement, en arrivant à la conclusion que si j'avais eu vraiment une quelconque compétence, je ne me serais pas ainsi retrouvé à cinquante ans à la recherche d'un emploi. Je rejoignais les rangs des enfants qui se jugent méchants puisqu'on les maltraite ou des femmes qui ne s'en prennent qu'à elles d'être battues...

Aller seul de l'avant m'apparaissait au-dessus de mes forces, en dépit de l'affection et du soutien quotidien de Claire et de tout le bonheur qu'amenaient les filles dans la maison. Je me laissai convaincre de recourir à une aide extérieure, ce qui ne me souriait guère car c'était convenir d'une fragilité et d'une vulnérabilité que je prenais alors pour de la faiblesse. C'était porter atteinte à l'image du chef de famille, du fondateur d'organisme, de l'homme estimé de tous, trop gentil pour avoir des ennemis, trop confiant pour déceler des manœuvres. Mais cette image ne se suffisait plus à elle-même. Elle perdait courage, ne savait plus sous quel jour se montrer, passait par des accès d'optimisme convaincant et de fatalisme désabusé.

Il fallait tenter quelque chose. C'est ainsi qu'un jour je

me retrouvai dans la salle d'attente d'un thérapeute bien en vue, auteur de plusieurs ouvrages qui proposaient des solutions éprouvées aux problèmes psychologiques les plus complexes. Je croyais bien, moi aussi, finir par en trouver des solutions, au fil des rencontres hebdomadaires, des tête-à-tête répétitifs. Mais je m'illusionnais.

Je fus soulagé de mes économies mais non point de mes inquiétudes. Tout au plus ai-je pu prendre conscience de certaines limites et en particulier d'une allergie presque absolue à confier à autrui ce qui pouvait me peser. Dans ma famille, on peut s'en douter, il n'était pas de bon ton pour un garçon de trop s'exprimer, encore moins de s'écouter. Il fallait marcher droit, serrer les dents, ne pas se montrer douillet puis, plus tard, faire face à cette adversité qui forge les caractères. Une âme bien trempée ne s'égare pas inutilement dans les méandres des complaisances ambiguës et des confidences inutiles. Un homme tendre devient vite équivoque et il est des sujets qu'on n'aborde pas, il est des sentiments qu'on ne partage pas. Faire le contraire serait mal élevé.

Bien élevé, mais profondément insatisfait (je pourrais parler ici de détresse), je me laissai encore convaincre de consulter quelqu'un d'autre. Il m'a fallu toute la persuasive affection d'un ami pour convenir que là où je voyais de la faiblesse (ne pas régler mes problèmes par moi-même), je pouvais découvrir de la force. Confronté à un autre thérapeute, le contact cette fois-ci fut immédiat. Avec lui, je me sentais grandir. Assez vite, il me proposa de me joindre à un groupe d'hommes et de femmes décidés à entamer à ses côtés la longue marche vers l'épanouissement. Ce fut une expérience intense, exigeante et par moment souffrante. Se mettre à nu devant le regard des autres n'est jamais une entreprise aisée. La transparence des relations, l'empathie extrême du groupe et le sentiment d'être totalement compris sont des moments d'une rare vérité mais qui se paient toujours très cher par le chagrin, par les larmes et aussi par ce sentiment, difficile à traduire, qu'on a longtemps cheminé dans une impasse et qu'il faut maintenant ouvrir une autre route. Tâche ardue, car l'impasse avait du bon; elle était sécurisante et ne ménageait guère de surprises désagréables.

Je devenais en quelque sorte un immigrant intérieur, chassé d'un pays d'origine sécurisant et chaleureux. Un immigrant cherchant par tous les moyens à s'intégrer à son nouveau milieu alors qu'on s'intéressait seulement à son ancienne patrie.

Malheureux dans ma condition d'apatride professionnel, incapable de véritablement partager ce qui affleurait difficilement à mon esprit, je découvrais dans ce groupe de thérapie un monde de souffrance et de recherche, de solidarité et de ferveur, un monde d'hommes et de femmes honnêtes qui bannissaient le faux, combattaient le paraître et surtout s'exprimaient sans retenue et sans honte apparente.

À leur contact, je me reconnaissais le droit de dire que moi aussi j'avais mal et personne ne me jugeait ni me désapprouvait. Je n'hésitais pas à confier des souffrances d'enfance, à dévoiler sans retenue des secrets hermétiquement gardés.

Ces sessions de vie se terminaient par un retour sur terre abrupt et souvent douloureux. J'avais peur de quitter ce monde de la thérapie même s'il présentait un côté un peu artificiel, brassant les émotions les plus fortes et les partages les plus authentiques dans une bulle tout à fait étanche.

★
★ ★

Tout en continuant à effectuer démarche sur démarche pour échapper à l'emprise toujours démoralisante du chômage, je trouvais, presque à mon corps défendant, du temps, beaucoup de temps pour réfléchir à de nouveaux défis car il est vrai que si, pour vivre, on peut se passer de beaucoup de choses, l'absence de projets mène à la mort. Et je tenais à vivre, à créer, à transmettre surtout...

Mais la tâche ne fut pas aisée: il n'est pas toujours possible de transmettre à autrui des convictions nourries de longue date. Des contingences purement administratives peuvent bloquer systématiquement cette communication des savoirs. Je l'appris à mes dépens.

J'avais décidé en effet de poser ma candidature à un poste de chargé de cours en gérontologie à la faculté de l'éducation permanente de l'Université de Montréal. Je ne possédais malheureusement pas le diplôme exigé. Naïvement sans doute, je m'imaginais qu'une licence en droit, des études en sciences politiques et une maîtrise en éducation des adultes, conjuguées à une assez longue expérience, pouvaient constituer une équivalence. Il me semblait qu'une université devrait posséder toute latitude nécessaire à un examen de candidatures qui lui permettrait de ne pas les rejeter automatiquement dès lors qu'elles ne correspondaient pas exactement aux exigences administratives.

On me répondit qu'il n'y avait rien à faire et qu'il fallait se plier aux décisions des conventions collectives: la compétence et la motivation ne font pas le poids devant les exigences académiques et syndicales. Comme j'insistais et manifestais mon goût d'enseigner dans le cadre d'un cours précis, portant sur les besoins spirituels des aînés, on me conseilla de m'inscrire à un programme de maîtrise en théologie...

Je tentais de convaincre les gestionnaires de l'université, mais je me trouvais en fait devant un mur infranchissable, celui des principes décidés une fois pour toutes. Comme me l'écrivait le doyen, il est impossible de revenir en arrière.

★
★ ★

Ainsi cette tentative avait échoué. Forcer les portes de l'université s'était avéré au-dessus de mes forces. Heureusement, j'allais par la suite avoir la possibilité de m'engager dans d'autres avenues plus accueillantes et moins sclérosées.

Au fur et à mesure que s'écoulaient les années, je prenais conscience de la grandeur et des servitudes du métier de «travailleur autonome», selon l'expression consacrée des formulaires du fisc. L'autonomie en question est cependant toute relative; elle dépend aussi bien du contexte économique que des aléas de l'offre et de la demande. Rien n'est plus illogique, voire cahotique, que le système de distribution des tâches à ces travailleurs aux aguets qui peuvent passer leur temps près du téléphone et, au moment où ils s'y attendent le moins, se trouver confrontés à l'obligation d'avoir à tout accepter. Il est en effet fort imprudent de refuser un contrat quand on est à la pige, à moins d'être un des rares seigneurs du métier qui monnayent avantageusement une célébrité largement médiatisée.

Il faut donc travailler simultanément et très vite sur plusieurs dossiers pour respecter des délais souvent déraisonnables, l'employeur providentiel étant probablement convaincu qu'il est le seul à dispenser sa manne. On se doit d'accorder le plus grand intérêt à l'offre la plus futile car elle peut en révéler une autre beaucoup plus substantielle. Il faut polir et repolir l'article destiné à la publication la plus obscure car cet article peut tomber sous la main d'un recherchiste intéressé à retenir vos services.

Il faut apprendre à négocier laborieusement des honoraires décents car bien des employeurs s'étonnent encore que, dans le domaine des affaires sociales et du milieu communautaire, nous ne soyons pas, nous les pigistes, des bénévoles désincarnés. Quand convient-il d'offrir gracieusement des informations précises, quand convient-il de les monnayer? La réponse n'est pas évidente.

Le travailleur à la pige est libre, dit-on, mais il paye cher cette liberté par son isolement. L'écran d'ordinateur est en général son seul interlocuteur. Ses samedis et ses dimanches sont souvent grugés par les urgences du lundi matin et il est attiré comme par un aimant par des dossiers disposés sur les étagères, derrière la cloison du salon.

C'est bien là le travers dans lequel je ne manque pas de tomber régulièrement. Même si je suis conscient de leur aspect insidieusement dévorant, j'aime les vicissitudes de ces horaires cahotiques. Ils m'ont permis de mener à bien les tâches les plus variées qui, le plus souvent, devaient être menées simultanément. J'essaie de ne pas prendre trop de retard, je fais patienter mes «créanciers» et peu à peu j'excelle dans l'art d'obtenir des délais, de retarder des envois.

Au bout d'un certain temps cependant, l'absence de

partenaires de travail ou de recherche devient pesante, le besoin d'une collaboration féconde et stimulante se fait sentir.

Ce sont là les grandeurs et les servitudes de la condition de travailleur en pantoufles, forçat de la machine à écrire puis, plus tard, de l'ordinateur. Parfois les circonstances interrompent ce bagne stimulant. Je me souviens notamment d'une certaine visite, en mai 1986, de la responsable d'une équipe de travail du ministère de l'Éducation qui avait été chargée de préparer une émission de télévision à visée éducative portant sur des «événements-passage» dans la vie de personnes de cinquante ans et plus. Elle voulait me parler de son projet et j'avais été emballé par l'idée qu'on s'intéressât enfin aux différentes étapes pouvant jalonner l'existence des aînés. Leur trajectoire n'était plus un déclin long et monotone, synonyme d'un itinéraire banal, mais perçue comme une succession d'événements variés, éclairant les facettes les plus vivantes de l'existence.

Je fus invité à me joindre à cette équipe et fus très sensible à cette première expérience de production collective. Aussi surprenant que cela puisse paraître, le fait d'être amené à donner mon point de vue m'apparaissait comme une chance exceptionnelle: on reconnaissait mon expertise, on donnait du poids à mon opinion, je me sentais utile, voire compétent. Je joignais les rangs d'une équipe qui devait produire dès 1988 une quinzaine d'émissions télévisées intitulées *C'est la vie*.

Ce programme hebdomadaire, animé par des comédiens qui mettaient en relief les témoignages des invités, contribua sans doute à l'évolution des attitudes et comportements à l'endroit des personnes qu'on dit âgées.

★

★ ★

C'est un autre hasard, sous forme d'un coup de téléphone d'une amie, qui me valut de collaborer pendant près de quatre ans au quotidien montréalais *La Presse*.

Depuis des années, en effet, je suivais de près l'action courageuse autant qu'efficace d'une journaliste de talent, Claire Dutrisac. Dès que les droits les plus élémentaires des aînés se trouvaient brimés, cette femme de cœur mettait toute son intelligence au service de leur cause. Elle exerçait une vigilance impitoyable, en particulier dans le cas de certaines institutions où il arrivait que des résidents âgés ne soient pas mieux traités que des détenus. Sa chronique hebdomadaire était très populaire.

Lorsque je sus que Claire Dutrisac prenait sa retraite, je proposai ma candidature qui fut acceptée, et je me mis au travail pour produire chaque jeudi les quatre feuillets requis.

Ce furent des années passionnantes de recherche, de rédaction parfois ardue, mais surtout de contacts avec les milieux les plus variés. Notre monde médiatique accorde rarement aux initiatives communautaires la place qui leur revient. À l'affût de la nouvelle et si possible de la nouvelle qui frappe, il a tendance à passer sous silence des projets trop discrets pour intéresser l'opinion. C'est donc avec un certain enthousiasme que je rendais compte chaque semaine de réalisations bien concrètes, contribuant chacune à leur façon à la promotion des personnes âgées. J'eus la chance de rencontrer des êtres exceptionnels, des femmes et des hommes déterminés pour qui ne comptait que l'épanouissement des aînés. Du travailleur social très impliqué dans son milieu à l'animateur de HLM, créatif et tenace, en passant par la religieuse œuvrant auprès des aînés en prison, les sujets ne manquaient pas. Quant à la réaction du public, elle traduisait éloquemment le souci d'une meilleure information sur le vieillissement et le monde du troisième âge.

Ce furent des années d'enrichissement. Enrichissement des lecteurs, je le souhaite. Enrichissement personnel, très certainement. Comment ne pas se laisser toucher par ces intervenants en institution qui font souvent beaucoup plus que ce que leur tâche prévoit. Comment ne pas être profondément marqué par l'affection quotidienne prodiguée à ceux et à celles qu'on appelle élégamment des déments séniles.

Il y avait la qualité professionnelle et humaine des intervenants et des bénévoles; il y avait aussi celle des fonctionnaires et des décideurs qui n'étaient pas tous retirés dans leur tour d'ivoire, qui se laissaient parfois attendrir par des situations parfois tragiques qu'une pesanteur bureaucratique rend encore plus inextricable.

Il m'est arrivé fréquemment, durant ces quelques années de journalisme, de rencontrer des personnes ou plus souvent des groupes très efficaces et très motivés. Dans leur milieu, dans leur quartier, ils agissaient comme un ferment social mais ne disposaient ni des fonds ni de la visibilité suffisants pour faire connaître une action qu'ils auraient souhaité pouvoir reproduire à une plus grande échelle. Dans ce cas, profitant de cette tribune privilégiée, je savourais le plaisir d'écrire un article sur eux. Un jour, c'était un petit organisme de quartier, peu connu, qui proposait à des écoles la visite régulière des aînés. Peu de temps après, des centaines de milliers de lecteurs prenaient connaissance de cette expérience. Une autre fois, c'était un groupe de bénévoles qui offrait du répit aux proches de personnes très âgées dépendantes. Quelques mois plus tard, je recevais la lettre d'une lectrice qui avait décidé, elle aussi, de former un groupe similaire dans sa petite ville, très loin dans le nord du Québec.

Ce qui me touchait le plus, c'était le courrier des lecteurs. Particulièrement ceux qui s'identifiaient aux situations décrites et s'ouvraient simplement de leurs peines et de leurs espoirs. Les lettres reçues traitaient de tous les sujets: commentaires critiques, suggestions, demandes d'aide, propositions diverses. C'était là l'aspect interactif et fécond de ce travail de chroniqueur.

Mais tout cela devait toutefois avoir une fin. Je fus convoqué un beau jour dans le bureau d'un des patrons de *La Presse*. Ce fut bref mais brutal: «Je regrette, mais à partir de la semaine prochaine, il n'y aura plus de chronique sur les personnes âgées. Question de syndicat. On n'a rien à vous reprocher, mais il faut nous comprendre: nous avons des contraintes... Les journalistes de la salle de rédaction ont droit de priorité. Merci pour votre collaboration.»

Il n'y avait qu'à s'incliner, aucun recours n'étant possible puisque je faisais partie de la catégorie des «journalistes Kleenex», ceux qu'on jette après usage. La chronique des aînés fut supprimée mais tout n'est pas perdu: celle des animaux existe encore et se porte bien.

★

★   ★

Aujourd'hui, à soixante ans, j'imagine bien que le travail de pigiste demeurera mon lot. Stimulante et pesante insécurité, nécessité de frapper aux portes, d'envoyer des curriculum, d'attendre des réponses.

L'incertitude n'a pas d'âge, elle ne s'éteindra qu'au dernier moment.

12

COMMUNIQUER

*P*endant des années, je m'étais occupé de personnes très âgées et j'avais pris conscience que bien de leurs difficultés étaient moins liées à leur grand âge qu'à des lacunes de leur vie passée. En particulier dans tout ce qui touche au domaine de la culture et de l'éducation. L'obligation de quitter l'école très jeune un manque de confiance légué dès leur plus jeune âge, une absence de motivation à apprendre, la conviction de ne pouvoir jamais accéder au monde de la culture et des arts, la quasi-impossibilité de faire de véritables choix, tout cela les dirigeait naturellement vers un état général de dépendance et d'inculture. Dans une certaine mesure les progrès de l'éducation permanente ont pu ouvrir une brèche dans la dureté de ce système qui était fort injuste. Des premiers cours du soir pour ouvriers, chers à Norman Bethune, jusqu'à la complexité des structures actuelles de l'éducation permanente, il est long et fécond le chemin de l'apprentissage populaire. Les aînés, cependant, en ont été tenus à l'écart beaucoup trop longtemps car on voyait mal l'intérêt de former des êtres considérés comme socialement inutiles — pour ne pas dire inexistants.

C'est donc à peine depuis trente ans que des programmes d'apprentissage leur sont accessibles. Ce retard est injustifiable mais il s'explique car les aînés ne font plus partie, en effet, de la cohorte des producteurs et des citoyens recyclables et réutilisables. Il est hors de question qu'ils retournent sur le marché du travail, pivot autour duquel s'organise, au Québec comme ailleurs, le système actuel de l'éducation des adultes: mais à quoi bon apprendre, si ce n'est pour produire...

Il faut malgré tout admettre que depuis quelques dizaines d'années, les aînés ont pu rattraper un peu du temps perdu. Nous avons ainsi assisté à la vogue des universités du troisième âge, vogue fondée en grande partie sur l'aspect insolite des «têtes blanches» penchées consciencieusement sur leurs pupitres. «Vous vous rendez compte, elle a soixante-quatorze ans et elle se met au latin!» Comme si le fait de vieillir devait fatalement donner à l'apprentissage un caractère exceptionnel et rendre l'étude du latin plus ardue. On doit en tout cas reconnaître l'apport indéniable de ces «universités» et l'enthousiasme qu'elles ont suscité. Mais une tête bien pleine ne suffit pas. Il y a un monde entre la découverte de l'histoire ancienne et celle d'un nouvel art de vivre.

C'est cela qu'avait reconnu un de mes amis, professeur dans un collège du nord-est de Montréal, alors qu'il avait mis sur pied, dès 1977, un programme dit de retraite active destiné à des retraités en quête d'une nouvelle identité. J'ai donc perçu comme un précieux privilège la proposition qu'il me fit de faire partie de cette nouvelle aventure.

C'était pour moi une chance unique; une fois de plus, depuis la cassure de 1983, je pouvais me sentir utile aux autres et les aider à se doter de balises qui les aideraient à connaître une vie plus épanouissante. Je comprenais, pour l'avoir vécue de près, la grande tristesse de tant d'aînés à l'idée de vivre et de mourir sans avoir fait leur marque, sans laisser de traces derrière eux. C'est d'ailleurs ce dont souffrent beaucoup de résidents de centres de personnes âgées lorsque, bien nourris, bien soignés, sécurisés, «loisirés», ils prennent peu à peu conscience de leur inutilité individuelle et collective car aucun défi, aucun enjeu ne leur est proposé. Je pense à cet ancien comptable, résident d'un centre d'accueil, qui n'avait trouvé d'autres solutions, pour tromper son ennui, que de vérifier des anciens livres, fermés depuis longtemps. Il voulait, m'avait-il dit, se donner une dernière fois l'impression illusoire d'être utile à quelque chose...

Ainsi, j'étais enchanté de pouvoir renouer avec des personnes motivées, désireuses d'étudier et de découvrir. Certaines étaient très âgées et manifestaient une impatience d'apprendre d'autant plus vive que, disaient-ils, «nous n'avons plus tellement de temps devant nous». Une dame, octogénaire, bon pied bon œil, m'avait particulièrement frappé en manifestant le désir de s'instruire et de suivre des cours. Elle s'était jointe à un groupe de «jeunes» étudiants et étudiantes dans la soixantaine, peu enclins toutefois à accueillir cette nouvelle recrue. Elle symbolisait à leurs yeux une situation qui ne leur souriait guère: l'état de vieillesse. Ils avaient payé pour qu'on leur apprenne comment demeurer jeunes et cette vieille femme leur faisait l'affront de vivre sans pudeur un âge qu'ils repoussaient. Sans vergogne, elle faussait les règles du jeu, payant de son impopularité le plaisir sans cesse renouvelé d'apprendre et de découvrir.

Peu à peu ses «collègues» durent convenir qu'elle éprouvait du plaisir à évoluer au milieu d'eux, sans vouloir à tout prix demeurer jeune et dynamique. Imperceptiblement et à son insu, elle faisait évoluer le groupe; sa gentillesse et son apparente naïveté eurent raison des préjugés de ses pairs. On se mit à lui confier, qui, ses appréhensions et ses craintes, qui, ses doutes et ses questionnements. On oubliait qu'elle était très vieille, on ne voyait en elle qu'une femme intelligente et curieuse de tout, probablement très semblable à la jeune fille qu'elle avait été, souriante et décidée, à la femme mûre, chaleureuse et active, à l'épouse dévouée et surmenée.

Détachée des illusions liées à la considération d'autrui, elle apparaissait comme l'inconsciente animatrice d'un groupe à la recherche d'une nouvelle identité.

★

★ ★

Les programmes mis sur pied en 1976 par le collège Marie-Victorin étaient fort variés et embrassaient des disciplines aussi différentes que l'évolution des valeurs depuis les trente dernières années, l'histoire de l'art, la philosophie, la littérature, etc.

Les étudiants (il s'agissait plutôt d'étudiantes, car les hommes brillaient en général par leur absence) manifestaient, dans leur volonté d'apprendre, un enthousiasme qui n'avait d'égal que leur crainte de ne pas réussir: «Vous savez, il y a plus de cinquante ans que j'ai quitté l'école, j'en ai tellement oublié... j'espère que vous ne serez pas trop sévère pour corriger, vous ne regarderez pas trop les fautes d'orthographe...»

Certes, il y en avait des fautes d'orthographe, des écritures balbutiantes, hésitantes, des développements apparemment malhabiles, mais tout cela exprimait admirablement la sensibilité de ces êtres qui se mettaient à nu en noircissant les pages et faisaient grand cas des commentaires d'un professeur profondément respecté.

Les quelques remarques que nous inscrivions en marge des travaux de nos étudiants avaient à leurs yeux valeur d'évangile et nous valaient parfois des remarques assez étonnantes. Je pense à cette femme de plus de soixante ans qui m'avait demandé de lui consacrer quelques minutes à l'issue du cours: «Je vous remercie de vos réflexions sur mon dernier travail, cela m'a fait beaucoup de bien mais ce que j'ai à vous dire me gêne un peu; mais comme, avec vous, je me sens en confiance, je vais y aller... Depuis que je suis vos cours, j'ai pris la décision de... divorcer!»

On peut être un tant soit peu surpris d'un tel aveu dont le lien avec le cours n'est pas évident; mais la suite de ses propos explique tout. «Vous m'avez rendue capable de prendre ce risque. Le groupe m'a transformée et m'a permis d'assumer mes décisions.»

Le cours que je préférais, et de loin, portait sur l'évolution de la société québécoise contemporaine: environ quarante ans de transformations, voire de bouleversements dont mes étudiants avaient été, souvent à leur insu, les acteurs dynamiques mais parfois aussi les témoins passifs. Je m'efforçais de les amener à identifier la nature de leur participation à ces années clés et à en tirer de la fierté.

L'approfondissement de thèmes comme la famille, le divorce, la sexualité, ouvrait sans doute des blessures encore à vif mais parfois aussi confortait les étudiants dans la conviction qu'ils ne s'étaient pas trompés. J'aimais beaucoup l'atmosphère de la classe où les participants n'hésitaient pas à s'exprimer librement devant leurs pairs car, au fil des cours, des ateliers, des fêtes de classe, ils se faisaient maintenant mutuellement confiance. Fréquemment, nous nous divisions en petits groupes de cinq à six personnes, ce qui facilitait les échanges. De leur propre aveu, les étudiants s'y sentaient à l'aise et s'ouvraient plus facilement aux autres.

Pendant les pauses, autour d'un café ou d'un jus, nous nous sentions encore plus proches, à un point tel qu'on ne savait plus très bien qui était le professeur et qui étaient les étudiants. L'une me confiait ses inquiétudes face à son fils qui avait tendance à boire, l'autre me parlait de son mari qui ne s'intéressait plus guère à elle et encore moins au cours qu'elle suivait.

C'était d'ailleurs une question qui revenait régulièrement à la surface: que faire avec les conjoints qui restaient le plus souvent à la maison, alléguant que ces cours pouvaient faire du bien à leur femme mais qu'eux pouvaient très bien s'en passer... Ils avaient leurs occupations, leur bricolage, leurs arguments: «À nos âges qu'est-ce qu'on peut bien apprendre? Nos femmes, ça les occupe, ça leur change les idées, ça leur fait voir du monde... Mais nous, ce n'est pas pareil!»

À ce sujet, je me souviens d'un certain cours qui s'était déroulé au début de l'été. Il faisait très beau et on avait laissé les fenêtres ouvertes. Les discussions ayant été fort animées, nous avions dépassé de quelques minutes l'heure de midi marquant la fin du cours. Nous aurions sans doute poursuivi nos échanges si un concert de klaxons ne nous avait bruyamment interrompus. Explication faite, c'étaient ces messieurs impatients qui étaient venus chercher leur femme et manifestaient ainsi leur hâte de les retrouver. Il ne fallait pas les faire attendre, encore heureux qu'ils soient venus rencontrer leurs studieuses épouses.

J'en ai rencontré pourtant des hommes venus étudier non seulement pour emmagasiner de nouvelles connaissances mais pour franchir la frontière d'un monde qui ne leur était guère familier, le monde de l'apprentissage dans la solidarité, le monde des sentiments et de l'affectivité.

Ces hommes avaient en commun d'être insatisfaits d'une vie de retraite, conquise de haute lutte à l'issue d'un labeur souvent acharné. Ils enviaient leur épouse d'être plus épanouie, plus enthousiaste et s'étaient finalement décidés à cheminer à leur côté sur les routes ardues de l'apprentissage et à aborder un monde de découvertes et de remises en question: ils n'étaient plus les maîtres, ils rougissaient de leurs fautes d'orthographe, s'exprimaient moins bien, se sentaient affectueusement démasqués. À la pause café, ils n'osaient plus tellement parler de sports et de voitures et encore moins d'histoires grivoises même si leurs compagnes étaient loin de les dédaigner.

Ils prenaient conscience de leurs limites affectives et pressentaient des tournants dans leur existence.

Ce contact privilégié avec ces étudiants retraités me permit de réfléchir sur la condition masculine. Enfant, je rêvais parfois d'être une fille. J'imaginais alors des relations beaucoup plus douces, empreintes de calme, de tendresse, de caresses et de sourires, loin des exigences et des principes.

Combien de fois a-t-on dit à un homme, à propos de ses peurs ou de ses hésitations: sois un homme, réagis... mais on entend rarement dire: sois une femme voyons!

J'étais convaincu que si j'avais été une fille, on m'aurait excusé bien des maladresses, des faux-pas, des larmes. On m'aurait invité, gâté, courtisé peut-être. On ne m'aurait pas mis en pension, car on aurait moins éprouvé le besoin de me former le caractère. On ne m'aurait pas envoyé en Algérie défendre la civilisation chrétienne et occidentale.

Bref, j'estimais ne pas avoir eu de chance. J'ai d'ailleurs mis plusieurs années à tenter de faire sauter les barrières de ma condition masculine et je me sens aujourd'hui porté à revendiquer pour les hommes beaucoup des caractéristiques traditionnellement réservées aux femmes.

Mes échanges avec les étudiants âgés m'ont amené à réaliser avec davantage d'acuité que beaucoup d'hommes n'en peuvent plus d'avoir à être forts, de devoir décider et diriger. Ils envient les femmes de pouvoir s'exprimer, de libérer leurs émotions, de cultiver l'amitié, de savoir s'adapter à toutes sortes de situations nouvelles. Ils voudraient s'affranchir des contraintes du dieu-Travail en même temps qu'ils lui vouent encore un culte infini. Ils sont fatigués des repas d'hommes d'affaires, des contraintes sociales liées à leurs responsabilités professionnelles. Ils aimeraient être tendres, faire pousser des fleurs, passer beaucoup de temps à jouer avec leurs enfants ou pleurer sans retenue; mais ils se défendent mal contre l'impression de ne pas être de vrais hommes. La force qu'ils recherchent leur apparaîtra comme une faiblesse: perdre son temps, ne pas être efficace, ce n'est pas très masculin...

C'est néanmoins dans cette confusion que l'espérance peut naître. L'espérance pour un homme de se retrouver, de s'aimer comme il est. Elle ne voit le jour qu'au fond de la nuit, à force d'échecs et de revers.

Nous, les hommes, nous avons à réhabiliter l'échec abhorré car il peut seul nous rendre forts en nous obligeant à faire le compte de ce qui nous reste, de ce qui nous appartient en titre quand nous avons beaucoup perdu. L'échec traque nos illusions masculines de force et de pouvoir et nous mène à la vérité. L'homme libéré du pouvoir redevient humain. Il commence à chercher le sens de sa destinée. Il cesse d'agiter des hochets pour prendre le temps de s'écouter et d'écouter les autres. Il identifie ses vrais adversaires, se méfie des performances et des mythes meurtriers comme celui de l'excellence dont le culte néfaste fleurit sur tous les autels de nos ambitions masculines. L'excellence qui voudrait faire de nous tous des premiers, des figures de proue, abandonnant les autres dans la grisaille d'un anonymat dévalorisant. L'excellence, cette drogue légale et très respectable, diffusée à grand renfort de commentaires moralisants dans les six millions de points de vente que constituent les cerveaux des Québécois.

Il n'y a pas que les aînés avec lesquels je me sens uni par la joie de recevoir et de transmettre. Il y a les étudiants adultes, désirant orienter leur carrière vers l'accompagnement des personnes âgées. Toutes sortes d'étudiants: des hommes et des femmes, déçus d'un monde assez froid et qui perçoivent de façon aiguë les besoins des aînés. Parfois des employés, des vendeurs, des comptables qui veulent changer d'air et considèrent les cours pour adultes plus gratifiants que les tiroirs-caisses ou la compétition. Ou encore tout simplement des personnes sans emploi, elles sont légion, qui misent sur le développement futur de la gérontologie, dans le contexte d'une société vieillissante.

Bien au-delà des matières académiques, des règlements administratifs, des réformes de l'enseignement, des approches pédagogiques réévaluées de façon chronique, je me sens attaché aux étudiants adultes par une affection que je perçois mutuelle. Cette relation, la conviction qu'ils ont de se sentir écoutés et celle que j'ai de leur être utile, créent une sorte de chimie affective qui facilite grandement l'intégration des matières académiques. Je suis convaincu que les étudiants adultes sont davantage enrichis par le climat qu'ils ont pu vivre au cours d'une session que par la somme de recherches et de notes qu'ils ont amassées. D'autant plus que ces connaissances réelles mais relativement théoriques sont loin de leur garantir l'espoir d'un travail correspondant à leur compétence. C'est probablement la partie la plus difficile de ma tâche: former des hommes et des femmes qui auront de grandes difficultés à exercer le type de métier qu'ils aiment. Dans ce contexte d'impasse professionnelle, un seul objectif demeure pour moi essentiel: les aider à davantage prendre conscience de leur valeur et à accroître ainsi leur confiance en eux. Peut-être alors pourront-ils affronter avec une certaine assurance le barrage des employeurs à court de postes. Peut-être pourront-ils aussi faire valoir leur intelligence et leur détermination.

★

★ ★

Le cas de Johanne, une de mes étudiantes adultes, illustre bien cette capacité qu'a l'être humain d'accomplir ce qu'il veut entreprendre quand il a suffisamment confiance en sa capacité de réussir. Depuis qu'elle avait suivi des cours de gérontologie, Johanne était devenue particulièrement sensible à la condition des personnes âgées seules et démunies. Il y a deux ans, elle décidait de mobiliser sa famille et ses amis et d'ouvrir la première maison d'hébergement temporaire pour aînés victimes d'abus et de violence.

Aujourd'hui, grâce à l'action de ce petit groupe motivé, quelques personnes âgées qui, récemment encore, vivaient dans la crainte et les souffrances, retrouvent dans cette maison d'hébergement temporaire un climat chaleureux, reprennent confiance en elles pour éventuellement repartir dans l'existence. Peu après, Johanne me proposait que je me joigne à son équipe pour travailler à temps partiel au développement de cette maison et à son insertion dans les milieux communautaires. Naguère son professeur, je me trouve aujourd'hui à ses côtés, engagé dans la lutte contre la violence faite aux aînés.

★

★ ★

Apprendre: objectif aussi vital pour l'être humain que manger ou respirer. Quête permanente d'un savoir, certes, mais, bien plus, d'une identité nouvelle, celle d'une personne véritablement en vie, en état permanent de découverte.

Il n'y a pas de plus sûr moyen de tuer proprement un être, de le dévitaliser sans douleur que de l'empêcher d'apprendre, de le maintenir dans l'ignorance. Sans le savoir, ceux qui se penchent sur le bien-être des gens dits âgés et n'incluent pas dans leurs projets ou dans leurs programmes la magie de l'apprentissage, sont des éteignoirs. Ne craignons rien, toutefois: ils ne seront jamais blâmés pour une telle lacune, tant est forte la conviction qu'à partir d'un certain âge, on cesse d'apprendre ou, pire, qu'on n'a rien à apprendre, à découvrir ou à transmettre.

Elle était pourtant grande la joie de cette vieille femme aveugle qui tâtait de ses doigts hésitants la maquette en relief de plusieurs pays d'Europe. Elle descendait les rivières, elle s'aventurait dans les vallées, elle palpait le flanc des montagnes, elle caressait les grandes plaines de l'Est. Cette octogénaire, résidente d'un foyer de personnes âgées, étudiait la géographie, dans le cadre d'un programme d'éducation des adultes dispensé sur place. Son application était d'autant plus intense qu'elle se proposait d'enseigner à son tour ce qu'elle était en train d'apprendre. «Je serais un être sans vie, disait cette vieille étudiante, si je me contentais de la gentillesse et du dévouement de ceux qui me soignent et me servent. Je mourrais vite d'inutilité.»

Malheureusement ce type de mort n'est pas encore un thème de recherches. Confrontés à cette réalité, nous levons les bras d'impuissance et passons à d'autres sujets plus sérieux.

La passion de créer n'a d'égal que celle d'apprendre et la passion d'apprendre inclut celle de transmettre.

Je me sens personnellement appelé à mobiliser toute mon énergie pour transmettre ce que j'ai reçu. Recevoir et transmettre: double mouvement du cœur et de l'esprit qui nourrit et féconde la maturité du vieil âge. Je me sentirais comme un vieil avare frileux (les jeunes avares ne valent pas mieux!) à l'idée de ne pas partager les richesses acquises. Il ne s'agit là nullement d'une quelconque pulsion philanthropique mais d'un besoin vital, celui de communiquer à autrui tout ce qui m'a été donné. Le plaisir d'offrir un cadeau est largement surpassé par la joie de celui qui le reçoit.

13

CE QUE JE CROIS

*E*n feuilletant les dossiers de mes étudiants qui suivent un cours de gérontologie par correspondance, j'ai retrouvé la lettre d'une religieuse âgée qui, lors de son dernier travail, me faisait part de ses doutes spirituels. À l'issue d'une longue vie consacrée à l'enseignement, elle me révélait le grand vide qui l'habitait, se demandant si elle croyait encore à quelque chose ou en Quelqu'un. Elle me confiait «son horrible doute», à savoir son soupçon d'avoir bâti son existence de religieuse sur des bases qu'elle remettait aujourd'hui sérieusement en question. Elle souffrait d'avoir eu «la vocation souhaitée par sa mère», de ne s'être jamais vraiment écoutée, et de demeurer, à soixante-huit ans, «collée à sa communauté telle une huître à son rocher». Elle me criait en même temps sa souffrance profonde d'être engluée dans un marasme total sans avoir la force de rester ni celle de quitter. Jamais elle n'avait osé s'ouvrir véritablement à quiconque et j'étais, écrivait-elle, la première personne à qui elle pouvait confier son angoisse.

Répondre à un tel appel n'est pas simple. L'envie de réconforter est grande mais les meilleures paroles constituent toujours un baume illusoire, quand elles n'avivent pas la peine. Je l'ai remerciée de m'avoir fait confiance au point de me dévoiler sa souffrance devant une existence jugée manquée.

Je lui ai ensuite parlé de mon propre cheminement, de mes souffrances et de mes joies. La côte est moins pénible quand nous sommes plusieurs à vouloir la remonter; nous nous attendons, nous nous faisons signe, nous nous retournons pour voir si l'autre suit, nous nous asseyons à l'ombre, nous échangeons nos sacs. Souvent, nous finissons par découvrir un nouvel horizon qui nous encourage...

Je n'ai pas reçu de réponse de Françoise, cette religieuse égarée dans la nuit de son doute. Mais en pensant à elle, j'ai eu soudain envie de lancer une bouteille à la mer, de lui faire parvenir tout simplement une lettre ouverte.

Chère Françoise,

Ce que vous me dites me touche et je le ressens profondément. Je ne peux sans doute alléger votre souffrance, car nous sommes toujours très seuls dans ce domaine et Dieu, ai-je envie d'ajouter, n'y peut sans doute pas grand-chose.

Votre lettre m'a fait bouger; je me retrouve aujourd'hui à vos côtés, pour vous accompagner sur votre route. J'ai envie de vous confier à mon tour mes incertitudes et mes espoirs. Peut-être aurez-vous ainsi l'impression de ne pas être complètement seule.

J'ai toujours envié, Françoise, ceux et celles qui avouent très simplement avoir la foi et s'entretiennent avec Dieu comme avec un ami très cher. J'en vois beaucoup autour de moi qui se sentent viscéralement rattachés à Dieu comme on peut l'être à un être aimé ou à nos enfants.

Je crois, moi aussi, avoir vécu des périodes intenses et j'ai souvenir de longs moments de prière où les distractions fréquentes ne m'empêchaient pas de vibrer à quelque chose de très particulier. Je pense à une petite église de campagne dont les dalles usées, polies, adoucies même par des centaines d'années et des milliers de pas, exprimaient pour moi toute la foi des fidèles, leur naïveté peut-être mais aussi leur conviction solide d'être chez eux dans cette église qui m'apparaissait habitée même quand je m'y retrouvais seul.

J'étais convaincu de ne pas être seul; la petite lumière rouge tremblotait, celle plus chaude et plus douce, filtrée par des vitraux qui coloraient doucement la pénombre ambiante.

Je ne savais pas très bien par qui, mais l'église était vraiment habitée et je me sentais impressionné, comme la lumière impressionne une plaque sensible. J'étais plus heureux et plus serein aussi.

En vous écrivant, j'ai le sentiment, Françoise, que nous devons nous ressembler, vous, ici, au Québec, dans votre volonté de donner votre vie à Celui qui, vous en étiez certaine, vous demandait de le suivre, moi, à des milliers de kilomètres, dans ma conviction d'avoir à offrir mon existence à Celui qui habitait la petite église aux dalles polies.

Nos routes ont sans doute divergé, même si leur point de départ était commun.

Étudiant à Paris, je me retrouvais presque naturellement aux côtés d'étudiants «engagés». Nous savions que notre savoir nous donnerait un pouvoir et que ce pouvoir serait vain s'il n'était partagé, en particulier avec les plus démunis. Ensemble, nous voulions approfondir notre foi chrétienne en l'alimentant à une actualité politique et sociale qui nous passionnait, nous divisait parfois, mais le plus souvent tissait entre nous des liens très solides. C'était le temps des guerres coloniales, en Indochine, en Algérie, le temps des appels de l'abbé Pierre, du dialogue avec les étudiants marxistes voulant eux aussi lutter contre l'injustice au nom de la solidarité humaine. C'était aussi le temps des premières réformes liturgiques, des assemblées dominicales qui se voulaient ferventes et communautaires. Je me rappelle le grand pèlerinage des étudiants à Chartres; nous étions plus de cinquante mille à cheminer en chantant, sur des routes de campagnes écrasées de soleil. Une immense amitié, une grande vague de chaleur humaine et de paix refluait aux pieds de la Vierge de Chartres.

À cette époque, je ne me posais guère de questions: ma foi chrétienne faisait partie d'un héritage familial transmis depuis des siècles, que je m'efforçais «d'actualiser» comme le disaient à l'époque nos aumôniers, dans une action politique dont certaines facettes étaient jugées ambiguës, voire nocives par mes proches.

Un héritage, certes, mais aussi la conviction que le Christ Jésus était notre ami et notre guide. Les béatitudes étaient notre Petit Livre rouge.

Je pense décidément, Françoise, que nous nous ressemblions.

Je vous imagine enthousiaste et souriante, sûre de votre route et prête à l'impossible. Vous désiriez sans doute communiquer à vos élèves l'image d'un Dieu d'exigeance mais aussi de tendresse, et moi-même, je pensais honnêtement au Christ souffrant et solitaire quand j'allais rendre visite à mes vieux amis dans leur logement étouffant et sordide ou lorsqu'ils gisaient sur leur lit d'hôpital.

Je vous imagine convaincue et tendre, disponible à vos élèves, respectueuse de vos supérieures, soucieuse du bien de vos compagnes, étrangère à vos propres besoins dont on vous disait fort probablement qu'ils constituaient des tentations; Dieu vous mettait ainsi à l'épreuve. Sans doute n'avez vous eu que faire de ce test divin.

Je vais vous confier que, plus tard, l'absurdité de la guerre d'Algérie, l'attitude de beaucoup d'aumôniers militaires chargés de relever le moral spirituel des hommes qu'on entraînait à tuer, devaient semer les premiers doutes sur la solidité de ma cuirasse spirituelle. Se pouvait-il que la violence du glaive soit de même nature que celle de l'Évangile?

Malgré tout, que ce soit à Paris, en Algérie ou aux États-Unis, je ne me posais guère de véritables questions sur le sens religieux d'un itinéraire dont la voie me semblait bien tracée.

Cependant, dès mon arrivée à Montréal, la situation était différente. Je fus littéralement ahuri devant la puissance, la richesse et l'omniprésence d'une Église sûre d'elle et de ses vérités. Tous les fidèles ou presque circulaient à vitesse égale sur la grande autoroute de la foi et filaient sans problèmes sur des voies bien balisées. La religion avait modelé les êtres et façonné leurs opinions.

Certes, cette autoroute présentait quelques nids de poule mais le véhicule était encore performant.

Françoise, je ne sais pas si vous et moi avons connu les mêmes doutes, mais nous avons peut-être vécu progressivement les mêmes déceptions, les mêmes incompréhensions. Quand vous me parlez de vos supérieures, plus inquiètes de votre état de perfection religieuse que de la santé et du moral de vos élèves provenant de milieux démunis, je pense aux structures temporelles d'une Église qui étouffent, à mon sens, sa vitalité révolutionnaire et font tomber le grand souffle du vent de l'Évangile. J'entends, comme vous, nos responsables religieux prendre publiquement le parti des petits et des opprimés, mais je les vois bien rarement à l'œuvre. On dirait que les grandes voix d'angoisse et d'espérance d'une mère Teresa ou d'un abbé Pierre n'ont d'autre écho que notre muette et stérile admiration. Peut-être nos pasteurs ont-ils, comme nous, perdu la sainte naïveté des fous de Dieu, peut-être trouvent-ils que les problèmes d'aujourd'hui sont si complexes et si pesants qu'ils nous épuisent à l'idée même de les affronter!

À la réflexion, pourtant, j'émets une autre hypothèse: leur mission d'administrateurs et de garants de la foi et des dogmes accapare à ce point leur cœur et leur esprit qu'ils ne leur reste plus de place pour s'acquitter d'une autre fonction: être les confidents de nos peines et de nos espoirs. D'où leur «décrochage» par rapport à nos attentes et leur difficulté à redevenir les témoins et le levain d'un Évangile qui s'est apparemment affadi. Mais il faut être honnête: eux, c'est également nous et si nous ne bougeons pas, seuls, ils ne pourront pas faire grand-chose. Le capitaine et l'équipage sont assoupis. Mais le capitaine a toujours la ressource de se hisser sur le grand mât et de nous signaler l'aube à l'horizon. Et la nuit est encore profonde, Françoise.

Je les vois tiraillés entre des élans authentiques de partage avec les petits et les sans-grade et leur grande difficulté à s'adapter à une morale et à des valeurs en profonde transformation. Nous sommes des chrétiens raisonnables guidés par des pasteurs raisonnables et je trouve, Françoise, que la folie a déserté, que la raison et la sécurité l'ont remplacée. Je voudrais voir tous les chrétiens se liguer contre la pauvreté et l'isolement, contre la souffrance des cœurs et des corps. Le pire, c'est que je suis partie prenante de cette politique du raisonnable. La vie est courte, je ne suis plus jeune et je voudrais tant, Françoise, mettre enfin en pratique ma volonté d'hier de rendre le monde plus beau et plus vivable. C'était, je le sais, votre souhait, c'était la force incontrôlable, surhumaine qui vous a poussée à renoncer à votre époux et à vos enfants et à souffrir aujourd'hui de ne pouvoir ni les caresser ni les embrasser.

Je sais que vous les auriez aimés comme je les aime. Vous les auriez regardés longuement et doucement, avec toute la ferveur et la tendresse du monde.

Si encore vous pouviez contempler la face de Celui en qui vous aviez mis toute votre confiance, si vous et moi nous pouvions enfin le découvrir, lui parler et lui répondre, alors que nous ne faisons que le soupçonner! Si nous avions pu être à ses côtés, au jardin des Oliviers, quand la crainte fugace d'avoir été abandonné par son Père lui a arraché quelques larmes, quelques aveux bienfaisants d'une impuissance bien humaine. Peut-être aurions nous alors reconnu sa Face, peut-être nous serions-nous jetés dans ses bras.

Si nous pouvions Le découvrir, nous approcher tout près de Lui et Lui demander sans crainte les raisons de son silence et de son absence quand nous avons besoin de Lui...

Les vrais croyants nous diront sans doute que c'est nous qui sommes absents, que c'est nous qui ne répondons pas à ses attentes, qu'Il ne nous forcera jamais, qu'Il nous aime et nous respecte trop pour intervenir dans notre univers de souffrances et de peines.

Mais je ne suis pas un vrai croyant et je dois convenir de cette réalité. Je crois seulement être un «espérant» et, pour l'instant, je suis plus sensible au message des espérants qu'à celui des croyants. Remarquez que, par les temps qui courent, il est aussi risqué d'espérer que de croire. Mais je préfère ce risque: un monde sans espérance est un monde mort et je ne veux pas mourir.

J'espère, Françoise, qu'Il n'est pas tout-puissant, ce Dieu qui jadis nous a fait signe, à vous et moi. J'ose croire qu'Il a aussi mal que nous quand Il voit les enfants affamés, les vieillards brisés de solitude, les chômeurs découragés, les jeunes désorientés. Quand Il vous regarde, au soir de votre vie, vous sa suivante et son amie de naguère, devenue une femme d'angoisse et de peine. J'espère qu'Il pleure, commme au jardin des Oliviers, où l'espace d'une seconde Il s'est senti abandonné.

J'ose croire qu'elle doit Lui paraître bien vaine sa toute-puissance qui n'empêche ni le mal, ni les guerres, ni la faim et j'imagine pourtant qu'il Lui arrive de frémir de bonheur, comme un enfant aimé ou comme une femme s'abandonnant à l'étreinte.

Serait-ce possible que nous entretenions nos hésitations, que nous refusions de croire, que nous demeurions repliés sur nous-mêmes? J'en doute, Françoise; nous souhaitons désespérément contempler la lumière, nous sentir épanouis, sûrs de nos forces et de nos faiblesses.

Mais pourquoi vous et moi ne brûlons-nous pas à son contact, pourquoi ne semons-nous pas la joie de vivre autour de nous, à l'image de votre patron le petit Pauvre d'Assise?

Les années sont bien lourdes, me direz-vous, nous n'avons plus vingt ans. Mais je me refuse à penser que le poids des ans, des hésitations, des reculs et des compromissions mais aussi des enthousiasmes et des folies ne nous ménage point quelque nouvelle envolée, quelque élan de passion, de partage et de création. C'est cela mon espérance et je serais fort surpris que vous ne la partagiez point. Nous serions alors plus près du but que nous ne le pensions.

En réalité, Françoise, ce but nous ne l'atteindrons sans doute jamais, mais ce n'est pas grave. C'est le chemin nous séparant du but qui est important. Sur ce chemin, nous rencontrerons immanquablement des êtres qui nous attendent. Ils nous interrogent du regard, ils espèrent de nous que nous les reconnaissions, que nous leur souriions pour se sentir ainsi grandis à notre contact. Vous savez, une des plus grandes joies qui me soit donné d'éprouver, c'est de constater qu'à mon contact, un être s'aime davantage, se sent meilleur et plus fort. Plus fort, c'est-à-dire plus libre, plus utile aux autres, détenteur d'une nouvelle mission dont il transmettra à son tour le sens à autrui. L'abbé Pierre, lui aussi, a certainement dû être heureux, profondément heureux même, lorsque ses premiers compagnons, enfants de la misère, de l'alcool et des prisons, lui eurent avoué qu'à ses côtés, ils découvraient eux aussi un sens à leur vie.

Cet être qui grandit à mes côtés, c'est peut-être Dieu, je n'en suis pas certain, mais je le pense. Ce Dieu dont je me demande si souvent s'Il existe, dont je cherche le visage, je ne Le vois pas dans son Olympe, ni même dans ses dogmes incontournables, encore moins dans certains de ses représentants officiels, mais je crois percevoir l'éclat fugace d'une de ses mystérieuses facettes dans le regard brillant des enfants ou dans le sourire de mes étudiants s'apercevant qu'ils avaient suffisamment de force créatrice pour faire bouger l'univers.

Alors, Françoise, ne craignez plus d'avoir perdu la foi. La foi, on ne la perd pas comme un trousseau de clés ou un porte-monnaie. C'est une recherche continue, c'est un pari sur notre grandeur et sur tous ceux et celles qui nous entourent. C'est une confiance en nous et dans les autres, c'est-à-dire en des êtres aussi importants que ce Dieu installé par notre intellect sur un piédestal inaccessible. Nous ne sommes pas seuls à L'avoir isolé car, depuis des siècles, notre vieux monde occidental s'est acharné en pure perte à vouloir dissocier l'expérience de la raison, à codifier et légaliser nos comportements au détriment des élans du cœur porteurs de vie et d'espérance.

Vous n'avez plus confiance en un appareil, en une structure, en une façon de vivre. Tant mieux! C'est à cela qu'il faut vous en prendre au lieu de douter de votre capacité infinie de transformer les autres. Ils vous attendent, Françoise, ils n'ont que faire de nos états d'âme. Ils savent bien qu'à votre contact, ils se réchaufferont, ils grandiront, ils espéreront, ils aimeront. Vous portez en vous une force extraordinaire, celle qui vous a poussée à dire oui à l'époque. Il suffit encore de dire oui mais à de nouveaux interlocuteurs moins sourcilleux de votre perfection mais plus sensibles à votre rayonnement.

Si Dieu existe, Il s'embrasera Lui aussi à votre contact et ainsi, vous ferez boule de neige ou plutôt boule de feu. Si vraiment Il se trouve parmi les êtres seuls et démunis, nous aurons quelque chance de Le découvrir enfin car, par les temps qui courent, ces êtres ne manquent pas. Ils aspirent au bonheur par tous les pores de leur peau, je les vois, la nuit, dans les chambres d'hôpital, ils attendent les premières lueurs du matin pour pouvoir s'endormir car ils sont sûrs alors que la nuit n'est pas éternelle et qu'ils reverront le jour. Je les vois aussi dans les immenses et monotones tours d'habitations, par les petits dimanches désolés de novembre. Les repas familiaux avec le rosbif traditionnel ne sont pas pour eux: ils n'ont même pas envie de s'ouvrir une boîte de conserve, tant est grande leur hâte d'atteindre le lundi pour redevenir enfin comme tout le monde car la chaleur des familles fait mal à ceux qui n'en ont pas. Je les vois dans le métro, figés dans une sorte d'isolement inexpressif, et je rêve à l'étincelle qui les réunirait tous dans la joie de se retrouver.

Nous avons bien du pain sur la planche, Françoise. Sans nous prendre trop au sérieux, nous devons être ceux qui fraient la voie à l'espérance. Ce ne sera pas une entreprise aisée car nous côtoierons le mal et la souffrance; nous vivons douloureusement l'impuissance de ne pouvoir assommer ces bêtes malfaisantes. Surtout quand je vois autour de moi des êtres recroquevillés par la solitude et la tristesse. J'aurais alors envie de les serrer très fort dans mes bras pour qu'on puisse tous ensemble se réchauffer par une compassion qui se voudrait aux antipodes de la pitié.

Comment nous débattre alors pour ne pas nous laisser engluer dans la visqueuse noirceur du Mal? Pas plus que vous, je n'ai de réponse préparée. Si ce n'est d'accepter notre impuissance dans certains cas, pour tenter l'impossible dans d'autres. Je pense qu'il faut être absolument convaincus de notre capacité inouïe de transformer les êtres autour de nous, en les amenant à s'aimer davantage.

Il y a très longtemps, quand je commençais mes études à Paris, un prêtre exceptionnel m'avait enjoint de cesser de trop me préoccuper de mes progrès spirituels pour me soucier seulement de partager mes talents: «Peu importe ceux que tu possèdes, ils n'ont d'intérêt que si tu les transmets. Sinon tu seras comme un pommier qui veut garder ses fruits!»

Françoise, regardez les athées et les agnostiques qui découvrent l'Évangile. Ils deviennent le feu de Dieu mais nous n'en sommes souvent que les cendres. Tous ceux et celles qui nous attendent n'ont que faire de nos braises refroidies; ils espèrent une folie brûlante qui donnerait enfin un sens à leur vie.

Je me sens proche d'eux en rêvant d'une Église régénérée de l'intérieur et qui s'enrichirait de façon inouïe en se situant délibérément du côté des plus pauvres. Une Église qui mettrait les privilégiés en demeure de réellement partager. Ils se dépouilleraient alors de leurs privilèges mais en gagneraient d'autres infiniment supérieurs: la liberté de n'avoir plus rien à perdre mais aussi celle de gagner l'affection des plus petits.

★
★ ★

Voilà, Françoise, ce que j'avais à cœur de vous confier. J'aurais bien envie de prolonger cette lettre mais je crois que vous et moi devons nous séparer et reprendre notre route.

À bientôt, Françoise.

14

APPARTENANCES

« $\mathcal{T}$ e sens-tu davantage français ou québécois?» Cette
question m'est parfois posée sans que je puisse y répondre de façon très claire. Je pourrais toujours répliquer
qu'après plus de trente ans au Québec, je relève de deux
cultures, mais cela refléterait de façon bien imparfaite une
réalité aux contours plus nuancés. Réalité qui m'a sauté aux
yeux dès mon arrivée en 1963.

Le Québec vivait à cette époque la Révolution tranquille qu'on a mille fois contée. Toutefois, aux yeux de l'ob-
servateur qui n'avait ni connu la «grande noirceur» duples-
siste ni fréquenté assidûment le couple famille et religion, la
situation apparaissait encore tout à fait particulière. Habitué,
étant étudiant, aux discussions, voire aux confrontations
entre personnes d'opinions religieuses ou politiques très différentes, familier avec un pluralisme que j'estimais fécond, je
trouvais la situation québécoise passablement insolite. Le
concept d'une langue liée à la foi m'était tout à fait étranger.
Enfant d'un vieux pays, déchiré mais aussi cimenté par les

conflits de toutes sortes, lentement et souvent douloureusement pétri par les aléas d'une histoire omniprésente, j'avais la chance de me frotter à un nouveau pays encore jeune et même un peu adolescent, un pays en recherche, ombrageux et fier de lui. Un pays de traditions, modelé et, il faut bien le reconnaître, longtemps maintenu en vie par l'Église qui, on s'en doute, a su tirer parti de l'opération.

Dans ce pays, la foi n'était pas à défendre ni à propager car elle était léguée au berceau et faisait partie des mœurs quotidiennes, pour ne pas dire des meubles. Le perron de l'église et la quête étaient aux Québécois ce que la baguette de pain, le béret et les discussions au café du commerce étaient aux Français. Il n'y avait pas de société laïque à proprement parler mais un grand territoire de chrétienté et quiconque détonnait dans le chœur des croyants et manifestait des opinions quelque peu radicales face au cléricalisme ambiant, avait des chances d'être tout bonnement mis au ban du grand couvent. La situation m'apparaît radicalement inverse en 1994: naguère propriétaire du Québec, de sa pensée, de son avenir, l'Église se retrouve aujourd'hui locataire sans bail. Dans un contexte entièrement sécularisé, il se singularise celui qui, dans sa vie sociale et professionnelle, affirme et manifeste ouvertement sa foi. Il lui faut même un certain courage car l'heure n'est pas, aujourd'hui, au militantisme religieux.

En dépit des croix fixées aux murs des écoles ou au-dessus des coffres-forts des Caisses populaires du Saint-Nom-de-Jésus ou de l'Immaculée-Conception, les racines de la foi ne m'apparaissent pas très profondes au Québec. C'est peut-être ce qui explique qu'en si peu d'années l'influence massive de l'Église se soit à ce point dissoute. Il n'y a pas eu de luttes à mener pour conserver l'héritage chrétien qui se transmettait tout naturellement. Il n'y a donc pas lieu, à mon sens, de déplorer que les églises se vident, que la pratique dominicale chute à cinq ou dix pour cent ou que les communautés religieuses ne recrutent pratiquement plus: il le fallait. Derrière une façade rassurante et sans lézardes apparentes, la foi a toujours été en crise parce qu'elle était confortable et souvent somnolente. Attiédie par la consécration officielle, amollie par le manque de combativité, elle s'est fissurée et desséchée de sorte que la bourrasque des années 1960 l'a détachée des parois vermoulues auxquelles elle adhérait depuis des siècles...

Quand j'étais jeune, j'allais parfois séjourner en Alsace, province d'ancienne culture germanique, officiellement française, mais avant tout alsacienne. Déjà, je me posais la question: qui sont-ils ces Alsaciens, fiers de leur culture, allergiques à une assimilation trop souvent mesquine, proches et très éloignés des Allemands, proches et très éloignés des Français?

Il en est un peu de même du Québec. Combien d'observateurs étrangers se sont lourdement trompés en voulant en présenter un tableau d'ensemble, en le décrivant à partir des vastes espaces, en mentionnant les traditions, la chaleur de l'accueil, en évoquant le combat pour la langue, en chantant les cultures pastorales ou encore en mettant l'accent sur les problématiques sociales ou politiques. Il y a un peu de tout cela dans le Québec mais on ne réduit pas un pays à la somme de ses composantes.

C'est ce que j'ai peu à peu découvert au fil de ces trente dernières années. Premières impressions: la franchise et la spontanéité de l'accueil, l'humour des gens, leur convivialité, leur capacité de rire d'eux-mêmes, signe évident d'intelligence. Immédiatement après, une autre impression se superpose: que les gens ici sont peu sûrs d'eux. Comme ils aiment à se décrier, comme ils trouvent que les Français parlent bien. Sous-entendu: nous on parle moins bien, mais c'est à nous, pas à eux, d'en faire la remarque.

J'ai ressenti très fort ces contradictions qui me surprenaient et au début me peinaient car je sentais parfois qu'on me reprochait Voltaire et ses arpents de neige. Il m'est arrivé de répondre que je n'étais pas au monde à cette époque et que je n'avais donc pas à assumer les propos de ce monsieur. Plusieurs fois par la suite, on m'a demandé pourquoi mon pays avait abandonné la Nouvelle-France. Il ne s'agissait pas à proprement parler d'un reproche mais ce n'était pas non plus un compliment. Un autre jour, un interlocuteur quelque peu vindicatif avait mis un terme à sa tirade patriotique en me disant que «vous, les Français, vous n'aviez pas d'affaire à venir nous fonder!»

Je pense qu'il faut accepter d'être un éternel étranger, de ne jamais parler comme les autres, de se faire demander, comme ce fut récemment le cas pour moi: «Puis, vous vous habituez au Québec?» Après trente ans de séjour! C'est le prix à payer pour appartenir à deux cultures riches et complexes, tout en ne sachant plus très bien laquelle est la nôtre. Il est assez piquant d'avoir à me trouver en France pour vibrer à la seule mention du Québec et de me sentir ému, quand on parle ici de mon pays d'origine.

Je demeure toutefois un immigrant privilégié car je

n'ai jamais connu l'isolement rattaché à cette condition et, en outre, je ne prenais le travail de personne. Ne tenant pas à chercher une similitude particulière entre la France et le Québec, je me suis adapté assez facilement à ma patrie d'adoption. Quant à l'identité nord-américaine du Québec, mon séjour à Chicago m'a grandement aidé à mieux la percevoir. Témoin de rapides bouleversements, j'ai vécu avec enthousiasme cet immense élan des années 1960 qui a soulevé un peuple sans jamais l'illusionner ni le couper de son quotidien. Je viens tout récemment d'en avoir la confirmation. C'était à l'occasion de ma participation à un colloque d'étudiants retraités du collège Marie-Victorin.

On m'avait demandé comment j'expliquais la très grande patience des Québécois qui, à l'époque, avaient ressenti si peu de rancœur face à une Église jadis détentrice de tous les pouvoirs ou presque. Je tentais de présenter mon point de vue: les Québécois sont des gens paisibles, ils ont vu craquer les vieilles structures mais sont restés attachés à leur clergé dont ils avaient si longtemps dépendu. Certains participants au colloque m'ont jugé trop gentil et ont attribué l'attitude conciliante des Québécois à leur peur et à leur passivité. J'étais en désaccord avec cette opinion qui m'apparaissait d'une sévérité excessive. Les Québécois ont su mettre leurs pasteurs à leur place mais ont conservé avec eux des liens d'affection; c'est la marque d'un peuple qui s'affranchit sans se révolter et c'est là un signe certain de maturité. En d'autres pays le sang aurait coulé pour beaucoup moins.

Pour revenir au début des années 1960, quand je pense au Québec de cette époque, je me souviens de deux circonstances qui m'apparaissent assez éloquentes. Il s'agit en premier lieu d'une visite d'André Malraux à Montréal, en 1964, à l'occasion d'une exposition de l'industrie française au Québec et j'ai encore en tête les premiers mots de son allocution-proclamation enflammée: «Salut, ville debout! Salut ville d'espoir!» La mèche en bataille, le visage agité de tics, l'écrivain, qui en avait vu d'autres, découvrait un pays qui s'éveillait.

Le deuxième souvenir a trait à un séjour à Paris en cette même année 1964. J'avais assisté à un spectacle de Monique Leyrac à l'Olympia et je ne me lassais pas de voir son nom briller à l'affiche. Je m'étais senti très ému à l'idée d'entendre au milieu du public parisien cette représentante d'un pays qui devenait peu à peu le mien. J'observais le public et les réactions de la presse me touchaient un peu comme si c'était moi qui avais été sur scène. Il ne fallait pas qu'on s'avise de critiquer ses interprétations, qu'on relève son accent québécois, qu'on adopte devant moi le comportement traditionnel de beaucoup de Français qui, comme on l'a déjà écrit à propos des émigrés de la Révolution française, n'oublient rien et n'apprennent rien non plus... Fils adoptif d'une nation que j'aimais, j'estimais que les liens de l'affection valaient bien ceux du sang.

En dépit de mon attachement à mon pays d'origine, je me trouve bien ici, au Québec, comme je me sentirais bien à Moscou ou à Osaka. Sauf que ce n'est ni à Moscou ni à Osaka que je me suis enraciné mais dans ce pays aux hivers qui n'en finissent plus, grandiose dans ses paysages infinis mais plutôt laid dans ses villes du mois d'avril quand des lambeaux de neige crasseuse découvrent des morceaux de gazon teigneux et décoloré donnant parfois asile à des matelas éventrés ou à de vieux frigidaires. Alors, si j'ai le malheur d'imaginer les jeunes feuilles vert tendre et encore flétries des marronniers de la place de la République, si je revois, le temps d'une nostalgie, les champs de jonquilles des printemps de mon enfance, la terrasse du petit bistrot derrière l'abbatiale gothique, la douceur d'un soir d'été dans les collines de Provence, je me surprends à haïr de toutes mes forces ces hivers qui se plaisent à nous provoquer, en alternant les clins d'œil du temps doux et les dernières rafales de neige rageuse, un peu comme des armées ennemies en retraite qui sèmeraient derrière elles la peur et les larmes.

Mais c'est ainsi que j'ai appris à l'aimer, ce pays du Québec tissé de contrastes et de paradoxes. Ce pays si chaleureux et si réservé à la fois. Ce pays prompt aux fêtes, aux sourires et à l'accueil sans réserve. Ce pays autrefois étroitement attaché à ses élites et à ses clercs qui décidaient de son présent et de son avenir. Leur éclipse rapide a laissé les Québécois en mal de directives et de consignes, au point qu'un certain nombre d'entre eux se sont littéralement jetés dans les bras des grands prêtres des ondes. Jadis, dans l'obscurité des confessionnaux, on pouvait régulièrement se «remettre à neuf». Aujourd'hui, on peut se défouler jour et nuit en participant à des émissions de radio où, à peu de frais, des animateurs plutôt improvisés distribuent parfois des conseils à l'eau de rose.

J'ai aussi appris à aimer ce pays follement généreux qui, en pleine période de marasme économique, se départit de ses millions au profit de causes diffusées par le showbusiness de la télévision ou encore accueille des immigrants comme peu de nations le font. Je pense à cette école de l'ouest de Montréal qui s'était mobilisée pendant des mois pour faire échec à un brutal avis d'expulsion du ministère de l'Immigration, avis qui visait plusieurs de ses élèves. Lorsque ces derniers eurent été reconduits à la frontière avec leurs parents, plusieurs professeurs se rendirent avec eux aux États-Unis pour les assurer de leur soutien. Je me souviens de la joie de toute la classe quand, à la suite d'une campagne médiatique de grande envergure, le Ministère se vit forcé de revenir sur sa décision. Il est impossible de ne pas aimer un pays qui manifeste de la sorte son attachement à des êtres humains balottés à hue et à dia par la logique insensible du législateur.

Je voudrais cependant me garder de tomber dans une sorte d'admiration béate pour mon pays d'adoption. Comme ailleurs, les problèmes y pullulent: dans certains endroits les enfants y ont faim quand les prestations de «bien-être» social tardent à rentrer au point que, dans leurs écoles, ils sont exemptés de certains travaux exigeant de la concentration.

Dans d'autres domaines, force est d'admettre qu'au cours des trente dernières années, la volonté de changement à tout prix a parfois tenu lieu de compétence.

Non, l'admiration béate n'est pas de mise, elle serait même ridicule. Néanmoins, en dépit de toutes les difficultés rencontrées, du chômage meurtrier, des régions désertées, des jeunes sans espérance, des vieux délaissés, il persiste au Québec, et à mon avis davantage là qu'ailleurs, un refus des hiérarchies sclérosées qui sévissent dans le vieux continent. Particulièrement en France où le poids excessif d'une inertie qu'on voudrait faire passer pour de la tradition rend si difficiles les réformes les plus évidentes. Je pense en particulier à la langue qui, au Québec, s'adapte beaucoup mieux aux transformations sociales et culturelles. Ici, le français demeure toujours précaire; il est parfois mutilé, appauvri, mais il vit, se transforme, se reproduit et se nourrit régulièrement de tournures nouvelles. La féminisation des termes est imparfaite et contestée, mais elle marque une forte avance sur la France où l'empreinte masculine enserre encore la langue dans ses diktats presque immuables.

Il y a le culte de la langue, il y a aussi celui d'autres formes d'expression plus spontanées que dans les vieux pays et en particulier une façon d'accueillir le visiteur avec une tendresse taquine et à l'occasion féroce quand il s'agit des cousins d'outre-mer pétris de leur culture et de leurs vérités.

On connaît l'aphorisme selon lequel le Québec et la France sont deux pays séparés par la même langue. Cette ambiguïté illustre bien le désarroi de nombreux Français qui s'appuient sur l'existence d'une langue commune pour se dispenser d'approfondir la spécificité du Québec. Il faut admettre que la tâche est complexe: un peu comme l'huile et le vinaigre, Français et Québécois ne pourront jamais se fondre. L'interlocuteur québécois sera à l'aise avec les Américains, les Belges ou des Britanniques mais il sera porté à être plus ambivalent face aux Français et, en leur compagnie, aura du mal à ne pas se sentir jugé, jaugé, observé, détaillé. Chacun aura tendance à rester sur ses positions par une sorte de phénomène d'attirance-rejet mutuel et permanent.

C'est une situation que je ressens lorsque je me fais dire que je suis différent des autres Français mais je vis aujourd'hui suffisamment mon appartenance au Québec pour pouvoir m'expliquer le plus simplement possible sur le sujet, comme avec des amis auxquels je n'ai rien à cacher. En dépit de toute l'affection qui m'a été exprimée ici à profusion, en dépit des amitiés et de la gentillesse extrême des gens, je continue à éprouver parfois, et sans raison peut-être, le curieux sentiment d'avoir à me justifier d'être français. J'entends d'ici des amis très francophiles me répondre que je déraisonne, mais je persiste à penser qu'il sera toujours difficile à un Français de se sentir tout à fait chez lui au Québec. Il devra parfois se tenir sur ses gardes pour ne pas déplaire ou faire de la peine. En France, on peut ironiser sur tous les sujets et l'on ne s'en prive pas. Au Québec également à condition de ne pas être un étranger. Ainsi l'accent français donnera lieu à de talentueuses imitations mais qu'un Français prenne l'accent québécois, cela ne sera guère prisé: de quoi se mêle-t-il, ce donneur de leçons qui vient nous rappeler nos limites et même nos défauts.

À mon sens, de telles réactions naissent d'un sentiment d'infériorité très réel mais très paradoxal car le Québec n'a rien à envier à l'Europe. Ses problèmes sont ceux des autres, ses ambitions sont amplement justifiées par ses capacités qui sont grandes.

Récemment, j'évoquais, avec une personne d'une rare intelligence et d'une grande sensibilité, un voyage que je venais de faire en Europe. De retour d'une tournée familiale, je lui parlais des paysages de Suisse et du charme de Prague. Sa réplique fut immédiate: «Ne penses-tu pas que la splendeur de Charlevoix vaut largement les montagnes de Suisse? Et que penses-tu du Vieux Québec, classé patrimoine national par l'Unesco?»

Je fus surpris et même peiné de cette réaction car mon intention n'était nullement de comparer, encore moins de préférer. La majesté du Mont-Blanc, la douceur de Charlevoix ou l'attrait souriant des Cantons de l'Est sont un hymne à l'univers. En quoi mon admiration de ce qui est beau ailleurs devrait-elle, par le fait même, porter ombrage à ce qui l'est ici? Je veux me réserver le privilège de découvrir la beauté ou le talent là où ils se trouvent et les dieux dans leur sagesse sont loin d'avoir réservé au Québec la portion congrue!

★

★ ★

Je demeurerai donc ici, dans ce pays de froidure et de chaleur, ce pays riche des cultures qui le façonnent depuis des siècles, comme elles ont façonné la France, l'Italie et bien d'autres nations. Mais cette courtepointe québécoise ne se tricotera pas d'elle-même. Sans projets communs, elle se déchirera et pour éviter tout éclatement, il faudra travailler au respect de la richesse de chaque culture et en même temps bâtir un pays original aux idéaux communs. C'est cela, je crois, le véritable nationalisme tant décrié par les tenants d'un Québec subordonné à un pouvoir central assimilateur. Les nouveaux arrivants ont alors devant eux la tâche difficile mais fascinante de mettre au monde un pays souverain, à condition de se sentir partie prenante de la culture québécoise, autant que de la leur. Ce qu'il y a d'extraordinaire au Québec, c'est qu'on a l'impression, surtout quand on n'y est pas né, que tout peut être encore modifié, transformé, ajouté. Nous, les nouveaux arrivants, ne sommes pas mis systématiquement devant un fait accompli. Le Québec est comme l'auberge espagnole où l'on mange ce qu'on y apporte. C'est pour cette raison que tant d'immigrants se sentent bien chez nous, revendiquent des responsabilités, s'impliquent sur le plan politique, dans le monde communautaire ou scolaire et s'imprègnent, sans cependant s'assimiler, de la culture d'ici. Ils se font souvent les chantres les plus enthousiastes d'une originalité québécoise aux contours encore fuyants.

Ces contours ne se préciseront que si notre pays accepte enfin de courir le risque de décider de son avenir. Cessant alors de cultiver l'indécision chronique du jeune adulte qui ne se résout pas à quitter le domicile familial, il pourra se joindre aux nations soucieuses de rendre notre planète plus hospitalière. La tâche est immense dans le contexte actuel de folie meurtrière et d'oppression des plus pauvres. C'est une raison de plus de participer. À la veille de la victoire de la Marne, le maréchal Foch proclamait en septembre 1914: «Mon centre est enfoncé, ma droite est contournée, ma gauche est débordée, situation excellente, j'attaque!»

Je compte bien être, et de plus en plus, au nombre de ceux et celles qui attaquent pour que le Québec, en dépit de son lot de problèmes et de difficultés, se reconnaisse et soit reconnu comme une nation au patrimoine fécond, porteuse d'espoir et de raison de vivre. À condition, toutefois, que les responsables politiques qui défendent les couleurs de l'indépendance cessent de nous présenter cette option comme celle de la prospérité garantie. Nous avons parfois l'impression qu'on veut nous cacher le prix à mettre pour être souverains, de peur que nous trouvions la barre trop haute. On ne vend pas un idéal par une quelconque opération sentimentale, si vibrante soit-elle. Au contraire, on demande aux gens de se serrer la ceinture, d'accepter la sueur et les larmes. L'accouchement, c'est la vie mais l'accouchement sans douleur n'existe pas encore pour les nations. Ce ne sera pas tellement le refus de l'idée d'indépendance qui pourrait éventuellement la faire échouer que la peur de prendre les moyens nécessaires pour la mettre en route.

15

VIEILLIR

*J*e me fais souvent dire: «Tu as soixante ans, mais tu ne les fais pas!» Cette remarque se veut un compliment. On me reconnaît le mérite d'être «resté jeune» et de ne pas avoir les traits de quelqu'un de normalement vieux (ou commençant à l'être) à soixante ans.

Et si je les paraissais, ces soixante ans, les gens me complimenteraient-ils de la même façon? J'en doute. Il ne faut jamais dire à autrui qu'il paraît vieux, tant ce terme est péjoratif, tant il est symbole de déclin, même de décadence, dans un monde où l'âge devient la variable suprême séparant les perdants des gagnants comme l'ivraie du bon grain. Seuls les meubles ou les vins bénéficient du privilège unanimement reconnu de se bonifier avec l'âge. Pas les humains.

Sauf si ces derniers, en vieillissant, continuent à performer, à se distinguer, à progresser *en dépit de leur âge*. Ils deviennent alors de belles exceptions; on parle d'eux dans les journaux, on les montre à la télévision comme des phénomènes qui ont su, par quelque artifice dont ils ont seuls le secret, défier la loi normale de la chute des corps...

L'âge devient alors l'ennemi public, la ride est à pourchasser par tous les moyens y compris les plus coûteux, surtout si elle est féminine; masculine, elle confère du charme et de l'expression. La vieillesse doit absolument sortir de l'ordinaire pour se faire pardonner d'attenter de façon impudente à l'intégrité de la personne.

Ce qui peut également effrayer, c'est l'idée que les années devant soi sont progressivement moins nombreuses que celles déjà écoulées. Nous réfléchissons en termes de quantité et non d'intensité. Un peu comme vers la fin d'un bon livre, on réalise avec nostalgie que le nombre de pages diminue.

Arrivé sans doute aux trois quarts de mon existence, j'oscille personnellement entre cette crainte et l'espérance d'un futur créateur et fécond, en dépit d'éventuelles contraintes de santé ou d'argent.

J'appartiens au monde des aînés et je l'accepte pour la bonne raison que je ne suis plus jeune mais je m'efforce de ne pas mesurer les qualités d'un être à l'aune de la jeunesse. Je décèle du sang neuf chez les êtres les plus âgés et parfois de la routine encrassée chez leurs enfants. Ce n'est pas l'âge qui sclérose les dynamismes; l'habitude, la routine et la satisfaction de soi fossilisent les individus, anéantissent l'imagination, grugent la créativité.

Je me sens également plus serein qu'à trente ans. J'ai subi des échecs et ils ne m'ont pas fait mourir. Une feuille de route, même imparfaite, est un précieux patrimoine. La perpective de ce qu'il reste à faire, et surtout de ce qui me reste à être, le sentiment culpabilisant d'avoir laissé passer des occasions, tout cela n'affecte pas la qualité de la tâche accomplie.

Il est curieux, ce sentiment de légèreté qui nous vient avec les ans, cette envie de plus en plus forte de ne pas nous prendre au sérieux ou du moins d'exceller dans l'art de discerner les bonnes illusions des mauvaises, d'éliminer les objectifs de sable, pour choisir ceux de granit.

Comme un voyageur qui n'en est pas à son premier périple, j'ai envie d'alléger mes bagages. Me détacher de possessions encombrantes ou du moins me convaincre qu'elles ne m'appartiennent que très temporairement.

On va ainsi plus loin et plus commodément car la route est encore longue et requiert toute notre énergie.

Où mène cette route? Je me le demande fréquemment. La perspective d'une retraite à venir éveille dans mon esprit des idées de repos et de détente et aussi de voyages, de loisirs, de peinture, d'écriture. Elle évoque également le terme d'une étape attachante et chaleureuse qui sera marqué par le départ des enfants. Il faut ajouter à cela la perspective de relations conjugales renouvelées et patinées par le temps. En somme, un programme intéressant et varié.

Mais vit-on seulement pour réaliser un beau programme? Les mêmes questions de fond auxquelles je m'efforçais de répondre quand j'étais dans la vingtaine se posent aujourd'hui avec une acuité accrue. La terre est repue de souffrance et de désespoir; sommes-nous quittes, au terme d'une existence active et bien remplie, devons-nous aujourd'hui passer le relais aux plus jeunes, nous qui sommes censés avoir fait notre part? Devons nous céder la voie à la relève? Mais comme dit Gilles Vigneault: «Je ne suis pas tombé, que je sache, pour qu'on ait à me relever!»

Peut-on concilier les exigences d'une vie mieux équilibrée et plus épanouissante avec les attentes de ceux et celles qui pleurent leur solitude ou leurs désillusions, qui n'ont pas reçu leur compte de justice ou de tendresse?

Les préceptes des béatitudes cessent-ils d'être en vigueur au moment de la retraite?

Il n'est point question d'âge ni même de génération dans ces questionnements que j'aimerais plus silencieux et plus discrets. Si seulement tout était simple et clair: après le travail, la récréation, sans entraves, sans arrière-pensées. Que chacun fasse sa part, moi j'ai fait la mienne. Voilà ce que j'aimerais simplement conclure.

Mais quelque chose m'en empêche. À soixante ans, comme à vingt, à trente ou à quatre-vingt, nous sommes tous en mouvement; nous cheminons ensemble sur la même route et, au détour des virages, les échappées les plus spectaculaires nous apparaissent, quelles que soient notre position sur la carte.

Je me sens tiraillé entre deux pôles: un certain goût de repos, de décrochage mais aussi de découvertes et la conviction d'avoir à me mobiliser jusqu'à mon dernier souffle contre le mal et la souffrance. Un peu don Quichotte comme perspectives, mais je ne vois pas tellement d'alternatives.

L'un n'exclut pas l'autre, pourra-t-on répondre. Mais ce n'est pas si simple. Les appels de jeunesse, la conviction un peu candide d'avoir à sauver le monde, de pouvoir réinventer la roue, de diminuer le mal autour de moi, tout cela demeure, épuré certes, relativisé, «raisonnabilisé», mais tout à fait d'actualité. Même la perspective somme toute légitime de pouvoir, à soixante ans, prendre de longues vacances ne me rassérène nullement: peut-on vivre sans solidarité, peut-on demeurer sourd aux appels qui nous parviennent, aveugle aux réalités qui nous entourent?

Moins que jamais, je pense. Je suis plus libre aujourd'hui, sans doute moins vulnérable. Plus fort également. Je me dois de profiter des préjugés favorables que l'on accorde aux gens âgés lorsque ceux-ci ne se répandent pas en nostalgies stériles sur la dureté des temps actuels ou sur l'inconsistance des jeunes d'aujourd'hui.

La vogue est au troisième âge éclairé, aux aînés accueillants, aux retraités disponibles: il faut en profiter.

Je crois d'abord qu'il est essentiel de prendre le recul nécessaire pour se retrouver. Faire le point de temps en temps. Rassembler nos morceaux dispersés. Morceaux d'enfance éparpillés sur la route. Morceaux d'idéal détournés au profit de l'action à court terme, morceaux de disponibilité et d'écoute réservés presque exclusivement à notre milieu professionnel. Sans oublier la fantaisie et la créativité. Pour assembler le puzzle de toutes ces pièces, il faut du temps, beaucoup de temps, il faut surtout le courage de nous remettre en question, de nous arrêter, de nous retrouver.

Ces objectifs de vie ne disparaîtront qu'à notre dernier souffle et encore!

Par ailleurs, pourquoi attendre d'être retraités pour nous impliquer dans des tâches requérant solidarité et conscience sociale? Notre retraite sera féconde, non seulement que nous l'aurons préparée mais parce que nous aurons fait de notre vie adulte un tout au service des autres et de nous-mêmes.

Nous ne réalisons pas que beaucoup d'hommes et de femmes sont isolés et qu'ils attendent un regard, un sourire, un geste. À quarante et cinquante ans, nous voyons souvent se dessiner les traits d'une mission nouvelle: la passion de transmettre. Il semble que cette passion réponde à un besoin très naturel de la génération du milieu. Ce besoin de se sentir utile de façon permanente, de jouer un rôle qui ne deviennne pas brutalement caduc. Les aînés en savent quelque chose...

Il me faudrait reconnaître qu'en aidant les autres, en partageant avec eux une partie de mes loisirs, je serai sans doute plus épanoui.

Il me faut être convaincu qu'en étant solidaire des voisins, des enfants, des vieillards, je contribuerai à ma façon à rendre le monde meilleur même si je me sens impuissant face à la violence universelle.

À mon âge, je sais la valeur du temps — c'est de l'argent — et je connais ma compétence.

Et si ce temps et cette compétence je les offrais au lieu de les vendre, si je les partageais au lieu de les réserver à ceux et celles qui me sont utiles, je renouerais peut-être avec l'enfant en moi qui donnait spontanément sans réfléchir, qui savait jouer le plus sérieusement du monde...

Lorsque je demande à mes étudiants ce qu'ils trouvent de plus difficile dans la perspective de vieillir, l'idée de solitude arrive immanquablement en tête. Ils ont probablement raison d'accoler ce qualificatif à une vieillesse qui fait peur. Toutefois la solitude accompagne tous les âges (demandons aux plus jeunes ce qu'ils en pensent...). Si elle semble être l'apanage de la vieillesse, c'est sans doute qu'à ce moment de notre existence, nous sommes plus que jamais confrontés à nous-mêmes. La vieillesse est un révélateur, elle se rit des subterfuges passés qu'on utilise pour sauver les apparences, pour repousser la solitude tapie dans l'ombre. À vingt, à trente, même à cinquante ans, nous pouvons donner le change, projeter l'image d'êtres actifs, occupés, remplis de projets, entourés de relations, sinon d'amis.

Mais on ne prête qu'aux riches: au fur et à mesure que nous prenons de l'âge, les amis se font plus rares et le monde continue d'avancer sans que nous soyons invités à la barre.

Ainsi notre société renie la vieillesse qui a diablement besoin d'être défendue contre ceux et celles pour lesquels elle constitue le naufrage de l'existence.

En réalité, elle en est la conscience mais elle n'est pas perçue de cette façon car, sous beaucoup d'aspects, elle s'apparente au mal et à la souffrance!

Vieillesse assimilée au déclin, aux infirmités, aux problèmes. Vieillesse niée, occultée sous les vocables les plus divers. Vieillesse fatalité; vieillesse, antichambre de la mort.

Vieillesse fauteuil roulant aussi, vieillesse institution, blouses blanches, petites pilules et gentilles infirmières, odeurs d'hôpital, d'éther ou de pipi, vocabulaire condescendant et bébéifiant, culottes d'incontinence, fauteuils gériatriques, bavettes et Alzheimer, bingo du mercredi et rosbif du dimanche...

On oublie aussi vieillesse vie, vieillesse goût de découvrir, de transmettre, de créer, de serrer dans les bras, de rire et de pleurer. C'est celle-là qui m'intéresse parce que je la fréquente depuis longtemps en la personne des aînés que j'ai eu la chance de connaître et d'aimer. Cette vieillesse m'est familière et j'ai envie de passer de bons moments avec elle.

La vieillesse déchéance sera peut-être là et pourra détourner le cours du fleuve mais ne l'empêchera pas de couler. Elle me fait un peu peur, je dois l'avouer. Elle me paraît parfois héroïque et parfois hideuse. Mais pas suffisamment pour que je ne demeure convaincu de ceci: aucun accident de santé, aucun fauteuil roulant, aucun lavement, aucune piqûre, aucune institution ne m'empêcheront de continuer à marcher, à découvrir et à m'étonner. Il n'y a rien de plus triste que des personnes qui ont cessé d'être émerveillées. Elles ont alors terminé le tour de leur jardin avant le temps et ne savent plus très bien quoi faire... Beaucoup sont malheureuses, seules, aigries ou sans projets. Ce n'est pas leur âge qui est en cause; ce sont les circonstances de leur existence passée, le manque d'affection, le peu de confiance qu'elles ont eu en elles et surtout l'indifférence d'autrui à leur endroit. On ne les a pas accompagnées, on les a laissées seules, elles n'ont pas perçu le signe qui les aurait fait dévier et aurait pu les conduire sur les chemins de l'espérance.

La vieillesse a également besoin d'être défendue contre les experts du vieillissement eux-mêmes qui, parfois, en scrutent les contours de l'extérieur, sans se sentir partie prenante de cette phase de l'existence.

Christian Combaz[1], jeune auteur d'un merveilleux livre sur la vieillesse, déplore que presque aucun d'entre nous ne s'interroge sur la direction que doit suivre le navire Terre alors «que nous avons bien quelques têtes blanches

---

1. C. Combaz, *Éloge de l'âge dans un monde jeune et bronzé*, Paris, Robert Laffont, 1986.

juchées là-haut sur le pont supérieur et qui regardent pour nous les étoiles, mais dans la chambre des machines, personne d'entre nous ne les entend.»

Nous sommes ainsi seuls dans la soute, alors qu'il nous suffirait de regarder le ciel. Personnellement, je suis encore dans la soute, mais j'en distingue la sortie. Un petit rai de lumière qui tranche sur l'obscurité ambiante.

À soixante ans, il serait temps de forcer la porte et de respirer le vent du large!

Sans doute, mais chacun possède son rythme, ses audaces et ses peurs. La peur de déplaire car on risque ainsi de perdre la considération et l'affection des autres. La peur de décevoir en ne s'occupant pas assez d'autrui. La peur de s'imposer (quand il le faut).

Je dis souvent aux étudiants qu'ils ont infiniment plus de valeur qu'ils ne l'imaginent. Je me reconnais en leurs hésitations, en leurs souffrances, au peu de crédit que certains d'entre eux s'accordent, surtout les plus faibles, sur le plan académique. Peut-être parce qu'on leur a toujours dit qu'être intelligent c'était de réussir ses études. Une des affirmations les plus fausses et les plus meurtrières qu'il soit donné de proférer. Les faux pédagogues ont confiné l'intelligence aux limites étroites des paramètres scolaires.

Si je m'adresse de la sorte aux étudiants adultes, c'est que j'en suis absolument convaincu. Je vis peut-être un temps de mon existence où je suis en mesure de jauger de la valeur des autres sans risque de trop me tromper et je me sens sûr de moi lorsque je les enjoins de reconnaître leurs forces. C'est peut-être là un des défis les plus passionnants de «l'âge avancé», celui de convaincre les autres de leur valeur et de leur importance, peu importe leur âge. Pour cette raison, je pense que je ne ferai jamais partie de groupes de retraités, quels que soient les défis qu'ils entendent relever. Il faut se féliciter de tous ces regroupements d'aînés qui s'organisent pour faire valoir leurs droits; alors pourquoi s'arrêter à mi-chemin, pourquoi ne pas s'associer avec tous ceux et celles, jeunes, adultes, retraités qui, ensemble, pourraient s'unir dans la quête d'un monde plus humain? Si j'examine spontanément certaines facettes de notre monde et que ces facettes s'appellent pollution, sida, pauvreté, solitude, guerre ou encore: solidarité, espoir, compassion, générosité, je trouve insensé que l'enfant et l'octogénaire, le préretraité et le jeune adulte ne se donnent pas la main pour agir ensemble et cultiver l'espérance en dépit de tous les obstacles.

De plus en plus, la notion d'âge m'apparaît comme une variable relativement secondaire qui isole et ostracise l'individu plus qu'elle ne le mobilise. Prenons par exemple le cas de ces paradis immobiliers qu'on érige à grand renfort de publicité en périphérie des villes, à l'intention «du troisième âge ou du deuxième âge et demi». La sécurité y est en général assurée mais c'est une sécurité aveugle qui empêche tout autant les voleurs que les autres générations d'y pénétrer. Aucun sourire d'enfant ne viendra jamais égayer le quotidien répétitif et planifié des résidents, notre monde occidental n'ayant pas son pareil pour classifier les générations, les découper en tranches bien régulières, leur assigner des rôles et des fonctions bien déterminées.

★
★　★

En vieillissant, je me sens plus que jamais prêt à risquer l'inquiétude et l'incertitude. C'est l'apanage des gens de ma génération. Cette audace résulte de l'âge qui nous convainc de notre force et nous pousse à demeurer vigilants. Je me sens un peu comme une de ces sentinelles qui ont passablement vécu et passablement observé. Je demeure aux aguets et cette vigilance m'apparaît comme l'une des grandes missions imparties à l'âge. Entre autres, débusquer l'ennemi, le même que nous avons tous affronté; il m'est aujourd'hui familier comme une vieille connaissance qui s'impose au moment où l'on a le moins besoin d'elle: le mal, la souffrance certes, mais surtout l'intolérance, plus vivace que jamais. Elle s'incarne dans la montée des dogmatismes, des xénophobies, des racismes sanguinaires ou tout simplement ordinaires, ce qui n'est pas mieux.

L'actualité nous renvoit, de plus en plus semble-t-il, à l'horreur absolue comme celle d'Auschwitz et des chambres à gaz et je garde à l'esprit la face hideuse des démons qui, partout sur la planète, mettent en péril notre tendre et fragile humanité. Les grappes de Juifs nus et grelottants, les enfants de Bosnie ou du Rwanda gisant dans les fossés n'auront peut-être pas été sacrifiés en vain si nous savons retrouver, tapie dans l'ombre, vulnérable et passionnée, la petite espérance qui est le sel de la vie.

Cette même espérance je l'ai toujours sentie présente, même dans les dortoirs inhospitaliers du collège, dans les montagnes d'Algérie où la peur nous tordait le ventre et plus tard dans les rebuffades répétées lors des demandes d'emploi.

Elle accompagnera certainement le cours de mon vieillissement en m'aidant à saisir la vie sous toutes ses formes.

Notre famille se transformera, les enfants prendront leur envol, nous vivrons d'autres événements, nous nourrirons d'autres projets, nous connaîtrons des échecs et des réussites et un jour, bientôt, la vieillesse sera au rendez-vous.

Ce sera l'aube d'une ère nouvelle. L'aube d'une vie à réussir sans trop me tromper car le droit de reprise me sera mesuré chichement. Il faut que les dernières pages soient belles; il est bien connu qu'on commence souvent par la fin.

Mais que signifiera alors réussir? Peut-être écouter un peu plus, surtout les enfants, conseiller un peu moins, faire des projets. J'aime ce nonagénaire qui apprenait l'anglais en disant que ça pourrait toujours lui servir plus tard.

Ne jamais brandir mon expérience, d'autres s'en serviront s'ils le veulent. Continuer à traquer la vérité en prenant bien garde de ne jamais la posséder: ce serait l'étouffer. Demeurer naïf car, à cet âge, cela ne peut plus faire grand tort.

Cultiver l'amitié, sans retenue, avec folie, un peu comme un ruban de cassette qui accélère sa course en finissant de se dérouler.

Ce sera aussi le temps d'oser. Plus que jamais. Qui pourra alors nous reprocher d'être audacieux? La vieillesse est cet âge merveilleux où l'on peut tout se permettre, où l'on peut aborder n'importe quel sujet, sauf celui de nos maladies: elles n'intéressent personne.

Vieillir c'est peut-être une façon de rendre aux autres un peu de ce qu'on a reçu. Et en vieillissant il est agréable de sentir que notre contribution est appréciée. S'avouer inutile, sans intérêt, comme le figuier desséché de l'Évangile, c'est sans doute le pire aspect de la vieillesse, le versant glacial de cette période de l'existence.

Porter fruit jusqu'à la fin et même au-delà, enfanter l'espérance, c'est peut-être un des sens de la vie.

Faudra-t-il alors se tenir prêt pour le vrai départ? Je ne le crois pas. Je souhaite que la mort me prenne en pleine action, si possible en pleine santé, déjouant les plus soigneux préparatifs. Je voudrais qu'elle survienne un peu comme une étape imprévue qui donnera ainsi tout son sel au moment présent. Je souhaite qu'à ce moment, tous ceux, toutes celles que j'aime m'aient exprimé le fond de leur pensée. Ce serait tellement dommage qu'ils le fassent quand il ne sera plus temps.

Je suis en vie probablement comme je ne l'avais jamais été: les années à venir sont moins nombreuses, pleines de doutes mais aussi de certitudes accumulées. Les printemps sont encore plus tendres, plus éphémères, les automnes plus flamboyants.

Le présent est trop précieux car le futur est trop incertain.

Je souhaite mourir au printemps, au moment des lilas, j'ai toujours aimé ces quelques semaines furtives et parfumées dont le Québec a le secret. Viendra ensuite la belle saison.

Je crains toutefois que cette étape ne survienne au moment où j'aurai encore beaucoup à recevoir et à transmettre. Mais les autres auront toujours mes brouillons. Ils se chargeront de les mettre au propre.

TABLE DES MATIÈRES

Achevé d'imprimer en octobre 1994 chez

Marc Veilleux Imprimeur Inc.

à Boucherville, Québec